hänssler

Reinhold Ruthe

Hölle über Hawaii

▍ Vom Pearl-Harbor-
  Kriegshelden
  zum Samurai Gottes

Reinhold Ruthe, geboren 1927 in Löhne, Kreis Herford.
Studium am Seminar für Evangelische Jugendführung in Kassel.
Verheiratet mit Charlotte, ausgebildete Ehe- und Lebensberaterin
am Alfred-Adler-Institut; eine Tochter.
Er war 11 Jahre Generalsekretär des CVJM Hamburg.
Dort gründete er mit seiner Frau die erste Eheschule, die in Verbindung mit Ärzten, Psychologen, Biologen, Rechtsanwälten und Theologen junge Menschen auf die Ehe vorbereitete. Daneben unterrichtete er das Fach Religion an einem Privatgymnasium.
Nach seiner Ausbildung zum Eheberater am Berliner Zentralinstitut für Ehe- und Familienberatung und einer individualpsychologischen Ausbildung in Aachen und Düsseldorf zum individualpsychologischen Berater und zum Psychotherapeuten für Kinder und Jugendliche, leitete er bis 1992 die Evangelische Familienberatungsstelle des Kirchenkreises Elberfeld.
Er war 14 Jahre Dozent für Psychologie und Pädagogik an zwei staatlichen Fachschulen. 1986 gründete er mit Frau und Tochter das Magnus-Felsenstein-Institut für Beratende und Therapeutische Seelsorge. Diese Arbeit beendete er 1999.
Er schrieb bisher über 50 Bücher zu Fragen der Sexualpädagogik, Theologie und zur therapeutischen Seelsorge. Er lebt mit seiner Frau im tätigen Ruhestand in Wuppertal.

Hänssler-Taschenbuch
Bestell-Nr. 393.914
ISBN 3-7751-3914-1

(Das Buch erschien 1971 unter dem Titel »Hölle über Hawaii«
im Aussaat Verlag, Wuppertal.)
Umschlaggestaltung und Titelbild: Mehrblick Grafik & Design
Satz: Vahinger Satz & Druck
Druck und Bindung: Ebner & Spiegel, Ulm
Printed in Germany

Inhalt

Vorwort

Zweimal hat Amerika in den letzten 60 Jahren schwere Terrorangriffe über sich ergehen lassen müssen. Der erste fand am 7. Dezember 1941 statt, als japanische Bombergeschwader unter Führung von Mitsuo Fuchida die amerikanische Pazifik-Flotte in Pearl Harbor auf Hawaii vernichtete. Ohne Kriegserklärung fand der Überfall auf die ahnungslose Flotte im Hafen statt. 19 Kriegsschiffe wurden entweder versenkt oder schwer beschädigt. 2300 amerikanische Soldaten kamen ums Leben. Ein Terrorakt von unglaublicher Tragweite.

Der zweite Vernichtungsanschlag erfolgte 2001 auf das World-Trade-Center in New York. Am 11. September wurde der größte Terrorakt aller Zeiten in Szene gesetzt. Wieder kamen einige tausend Menschen bei dem niederträchtigen Unternehmen ums Leben. Die Illusion der Unverletzlichkeit des Landes der unbegrenzten Möglichkeiten hatte ein Ende. In vielen Kommentaren wurden in Presse und Fernsehen Parallelen zwischen beiden historischen Ereignissen gezogen. Beide Angriffe zielten darauf ab, die Vereinigten Staaten zu demoralisieren. Pearl Harbor und der 11. September haben sich ins Gedächtnis der Zeitzeugen eingebrannt.

Damals gaben die Götter Japans den Segen für ein fragwürdiges militärisches Unternehmen. »Acht Myriaden Götter kämpfen auf Japans Seite.« So tönte es in Zeitungen und durch den Äther. Auch »Gott« soll den Auftrag für diese einmalige Terroraktion in New York gegeben haben. So das Bekennerschreiben der Schlüsselfigur des letzten Attentats, Atta, der in Deutschland studierte. Nein, nicht Gott gab den Auftrag, wenn überhaupt, dann Allah. Zwischen Allah und dem Vater von Jesus Christus liegen Welten.

Diesen mörderischen Überfall auf die Götter oder Allah abzuschieben, ist eine Vermessenheit. Auch das hat der Bomberpilot Mitsuo Fuchida, der den Luftangriff auf Pearl Harbor befehligte, erkannt. Aus einem leidenschaftlichen Kämpfer für die Sache Japans wurde ein leidenschaftlicher Kämpfer für das Evangelium von Jesus Christus. Aus einem leidenschaftlichen Krieger wurde ein Soldat des höchsten Königs.

Im Frühjahr 1964 lernte ich Fuchida persönlich kennen.

Damals war ich Generalsekretär des CVJM in Hamburg.

Wir wollten die Kirschblüte im »Alten Land« erleben. Jedes Jahr fahren Tausende an die Elbe, um die weiße Pracht zu genießen.

Wir waren ein Kreis von einigen hundert jungen Leuten, die ein Schiff gechartert hatten und die Elbe abwärts trieben. Wir wollten das jährliche Blütenwunder bestaunen und die Begegnung mit einem faszinierenden Mann erleben – mit Mitsuo Fuchida, dem japanischen Nationalhelden aus dem Zweiten Weltkrieg. Er befehligte am 7. Dezember 1941 die Luftflotte Nippons, die hinterhältig und in einem atemberaubenden Handstreich eine der größten Seefestungen der Welt – Pearl Harbor – vernichtete.

Im »Alten Land« hielt er uns keine patriotische Gedenkrede, sondern einen Gottesdienst. Ich konnte die kleine kraftvolle Gestalt nicht vergessen.

Und immer hat es mich gereizt, die Geschichte von Pearl Harbor, den Eintritt Japans in den Zweiten Weltkrieg, zu schreiben. Was ging im Land der aufgehenden Sonne, das sich in göttlicher Mission zum Retter Asiens berufen fühlte, vor?

Und vor allem – was wurde aus Mitsuo Fuchida?

Wie wurde aus dem kriegerischen Samurai ein Samurai Gottes?

Das Buch schildert die Wandlung Fuchidas vom treuen Offizier mit unbeugsamen militärischen Tugenden zum Evangelisten für Christus.

Der Krieg ist beschlossene Sache

▌ Aloha Hawaii

Das ist ein Ruf der Menschen auf den Inseln. Es ist das Band, das die verschiedenen Rassen und Bewohner miteinander verbindet. Aloha heißt Gott oder Liebe oder Frieden. Wo Hawaii ist, da ist Gott. Wo Hawaii ist, da ist Liebe. Wo Hawaii ist, da ist Frieden.

Man kann es verstehen, dass sich immer mehr Amerikaner aus dem Land der unbegrenzten Möglichkeiten in das Paradies am Pazifik zurückziehen. Irgendwo auf den glücklichen Inseln, auf Oahu (mit Pearl Harbor), Molokai, Lanai, Maui, Kahoolawe und Hawaii lassen sie sich nieder. Hier sehen die Wolken wirklich aus, wie sie Gauguin gemalt hat. Ein Feuerwerk von Farben.

Immer ist es Frühling auf den Inseln. Der Winter ist eine Vokabel aus dem Lesebuch. Selbst in den Monaten Dezember bis März fällt das Thermometer selten unter 20 Grad. Nur die Wolken sind dicker und grauer geworden. Regen peitscht über die Inseln. Und im Sommer? Temperaturen über 30 Grad werden als sehr heiß empfunden. Das Klima ist mild. Ein angenehmer Seewind treibt die Hitze ins Meer. Die Tage ohne Sonne kann man zählen. Sie gehört zur Insel. Sie hat eine Vorliebe für diesen Flecken Erde. Überall sprießen die Blumen, ein durchdringender Duft liegt über dem Inselreich. Hawaii ist die Ananasplantage der USA. Jeden Tag verlassen rund eine Million Konservendosen das Fließband. Die Natur regnet förmlich ihre Früchte zur Erde. In diese Wunderwelt ewigen Frühlings investiert die Sonne ungeahnte Kräfte. Man braucht nur zu ernten und zu verpacken.

Achtunddreißig Prozent der Bevölkerung sind Japaner, 60 Prozent »Orientais«, wie man die Farbigen nennt. Meist gut situierte, wohlhabende Leute, die ihre klotzigen Villen vor der Silhouette des Diamondberges errichtet haben. Der Lebensstandard ist hoch. Es wird gut verdient, wenn auch hart gearbeitet werden muss. Aus den Sklaven von einst sind die Manager von heute geworden. Die wirtschaftliche Sicherheit ist gegeben. Die Inseln leben von den Seestreitkräften, die hier in einem der wichtigsten Seestützpunkte der Erde angesiedelt sind. Hawaii ist das Luftsprungbrett nach Asien, ein entscheidender Brückenpfeiler der amerikanischen Kriegsstrategie. Diese weit vorgeschobene schwer gepanzerte Faust dient als Schaltzentrum für alle pazifischen Unternehmungen. Hier machen Bomber, Schiffe und Träger Zwischenstation. Von hier werden die schwierigen Versorgungs- und Nachschubprobleme gelöst. Hier liegen riesige Öltanks, gewaltige ober- und unterirdische Treibstofflager.

Wenn es Nacht wird, erwacht die Großstadt Honolulu zu neuem Leben. Die endlosen Palmenstraßen werden angestrahlt. Ein Verkehr flutet durch die Straßen wie auf dem Broadway in New York. Am Strand leuchten blaue Fackeln auf. Unterirdische Gasleitungen speisen die Pylone, deren Flammen vom Meereswind gefächelt ihr Licht in die Palmgärten und Hotels wehen. Versteckt eingebaute Scheinwerfer beleuchten draußen auf dem Meer die Schaumkronen der über die Korallenbänke schlagenden Wellen.

Noch einige Monate vor dem japanischen Angriff sah es so aus. Was wusste das Paradies von Krieg und Leid? Die Sonne löschte alle trüben Gedanken aus, der kühle, angenehme Wind wischte alle Kriegsvorstellungen fort. An die Schlachtschiffe, Flugzeugträger, Zerstörer und fliegenden Superfestungen hatten sich die Bewohner gewöhnt. Sie gehörten ebenso zur Insel wie der Sandstrand von Waikiki zu Honolulu. War es nicht paradox, wenn über die friedlich sich wiegenden Palmen die Superfestungen hindonnerten, die das Meer nach feindlichen U-Booten absuchten und Flottenverbände aufstöbern sollten?

Nur wenigen Menschen auf den Inseln kam der Gedanke, dass wahnwitzige Feinde eines Tages den tollkühnen Plan fassen könnten, in einem Riesensprung den Pazifik zu überqueren, um das Paradies – aus Träumen geboren – in eine Hölle zu verwandeln.

Vielleicht lag es an der Sonne, an den Palmen, am Meer, an der Temperatur, an den Menschen. Sie dachten an Liebe, an Gott, an Frieden – und riefen sich zu: »Aloha Hawaii.«

▌ »Ajiyajin no Ajia!« – Asien den Asiaten!

Japan träumt von einem Tag, an dem es in Kraft und Herrlichkeit dastehen wird. Es fühlt sich berufen, der Befreier Asiens zu werden und die gelbe Rasse in der Welt anzuführen.

Die Militaristen behaupten das Feld. Die Generäle kommen gleich nach den Göttern. Sie verstehen es, sich in die Herzen der jungen Leute einzuschleichen. Ihre Parolen wirken wie Opium. Die militärische Erziehung wird Mittel zum Zweck einer kriegtreibenden Politik.

Der nationale Begeisterungstaumel breitet sich zunächst schrittweise aus. Zum ersten Mal wurde 1924 Öl ins Feuer gegossen.

Damals erließ Amerika aus Selbstschutz sein Einwanderungsgesetz, das Asiaten von der Einwanderung ausschloss. Die gelbe Gefahr sollte gewaltsam gebremst werden.

Ein Sturm der Empörung lief durch Japans Jugend.

Sie fühlte sich vor den Kopf gestoßen. Sie glaubte sich zurückgesetzt. Sie sah sich innerhalb der Völkergemeinschaft ins letzte Glied gestoßen. Der Weiße hatte wieder einmal sein wahres Gesicht gezeigt.

Die Militaristen schürten die Bewegung.

Die USA hatten ein stolzes Volk mit Füßen getreten. Das sollte sich bitter rächen.

Die Einpeitscher ziehen durchs Land. Der Gedanke des heiligen Krieges zur Befreiung der asiatischen Rassenverwandten wird systematisch in die Herzen, vor allen Dingen der jungen Menschen geträufelt. Größer und größer wird die Zahl der Nachbeter:

»Japan, der gelbe Messias, der Retter Asiens!«

Ein Traumbild wird in den Herzen Wirklichkeit: »Die göttliche Nation ist unbesiegbar.«

Selbst der Himmel wird für die glorreiche Zukunft Japans bemüht.

»Das große Heer der Götter hält schützend die Hände über das Inselreich.«

»Yagyorozu uo Kami«, acht Myriaden nationaler Gottheiten stehen auf Japans Seite.

▌ 1941 ist es so weit

Es ist nur eine Frage der Zeit, um Krieg vom Zaun zu brechen. 1941 ist es so weit.

Der Krieg mit Amerika ist in den Köpfen führender Militärs beschlossene Sache. Aber nicht der Angriff auf Pearl Harbor. Verantwortliche Offiziere stellen sich einen Generalstreich vor, nur nicht auf die Höhle des Tigers. Die Japaner haben den Tiefschlag sorgfältig vorbereitet. Im September 1941, drei Monate vor dem Angriff auf Pearl Harbor, hat die Regierung es fertig gebracht, die Handelssperre mit Amerika zu lockern. Drei Passagierschiffe ohne Handelsware dürfen Amerika und die Hawaii-Inseln anlaufen. Genau im richtigen Augenblick ist ihnen der Schachzug gelungen. Die USA sind an Entspannung in Asien interessiert. Im Atlantik sieht es böse aus. Deutsche

U-Boote haben gerade bei Island einen amerikanischen Zerstörer torpediert. Die Öffentlichkeit ist aufgebracht. Man traut den Deutschen alles zu. Japan und Asien müssen daher mit Glacéhandschuhen angefasst werden.

Überall stehen die Alliierten in der Defensive. Deutschland und seine Verbündeten triumphieren. Monatlich werden 300 000 Bruttoregistertonnen Schiffsraum versenkt. Über 75 U-Boote stehen pausenlos auf allen Seegebieten im Kampf. Hitler beherrscht ganz Westeuropa außer der iberischen Halbinsel; und seine Heere sind Hunderte von Kilometern weit in Russland vorgestoßen, das vor dem Zusammenbruch zu stehen scheint. Italien beherrscht das Mittelmeer, und seine Armeen schwärmen durch Nordafrika und bedrohen Ägypten und den Suezkanal.

In der alten Welt behaupten sich nur noch England und Russland gegen Deutschland und seine Verbündeten. England ist zerrissen und blutet aus allen Wunden. Unaufhörlich ist es Luftangriffen ausgesetzt. Die Sowjetunion ist nahezu auf die Knie gezwungen, das Land verwüstet, Städte und Fabriken zerstört und die Heere dezimiert. Trotzdem scheinen die Alliierten den längeren Atem zu haben, die größeren Produktionsmittel, mehr Arbeitskräfte und Waffen.

Die Kriegserwartung in Amerika nimmt zu. Japan hält sich nicht zurück. Es glaubt, sich auf dem Hintergrund der Ereignisse in Europa großspurig Schritte erlauben zu können. Die Angriffe auf Amerika in den Zeitungen werden massiver. Das Volk muss bis auf den letzten Mann für die bevorstehende Aktion gewonnen werden. Ende Juli besetzt Japan Französisch-Indochina und nimmt es unter seine Schirmherrschaft. Präsident Roosevelt ist wütend, er verbietet den japanischen Schiffen, in amerikanischen Häfen anzulegen und Waren zu löschen. England und Holland schließen sich diesem Verbot an.

Der Wirtschaftskrieg ist in vollem Gange, der heiße Krieg nur noch eine Frage der Zeit.

Am 14. August treffen sich Roosevelt und Churchill in der Mitte des Atlantiks und entwerfen dort die so genannte »Atlantik-Charta«. Sie enthält Hoffnungen auf eine bessere Welt und eine bessere Zukunft.

Für diese neue Welt legen sie Prinzipien fest, an denen alle Freiheit liebenden Völker zusammenarbeiten sollen: keine Gebietsveränderungen, die nicht dem Willen der betrogenen Völker entsprechen, keine Gebietserweiterungen, das Recht aller Völker, sich die Regierungsform selbst zu wählen. Wirtschaftliche Zusammenarbeit zwischen den Nationen, Freiheit der Meere, Aufgabe von Waffengewalt als Mittel internationaler Beziehungen. Nicht zuletzt besprechen sie die militärische Lage in Ostasien.

Die Beschwichtigungspolitik muss ein Ende haben, Japan muss energisch angefasst werden.

▌ Schlachtschiffe oder Flugzeugträger?

Etwa 40 Länder schließen sich im Bündnis gegen Deutschland und seine Kampfgenossen zusammen.

Alles kann Amerika darum gebrauchen, nur keinen Krieg in Asien. Es wünscht sich freie Hand in Europa.

Und Washington beginnt, nachdem es Japan den kleinen Finger zur Verständigung gereicht hat, psychologisch gut dosiert, sein Pearl Harbor, das »Gibraltar des Ostens«, in der Presse über den grünen Klee zu loben.

Der amerikanische Marineminister versteigt sich zu der Behauptung: »Pearl Harbor ist heute wohl der beste Flottenstützpunkt der Welt; kein anderer ist so gut gelegen, so gut geschützt, so gut versorgt.«

Wie will der japanische Papiertiger einen so gewaltigen Sprung machen, um auf Hawaii seine Beute zu jagen?

Mit einem großen Bauchklatscher wird er im Ozean landen. Er zeigt seine Zähne, sie sind aus Pappmaschee, er brüllt, aber er vergisst, dass zwischen Japan und Hawaii viele tausend Seemeilen liegen.

Lass ihn brüllen, er wird sich seinen Selbstmord gründlich überlegen. – Nippon schweigt und lächelt. Lautlos ballt es seine Fäuste und probt für den gewaltigen Sprung über das große Wasser.

Yamamoto, Oberbefehlshaber der Kriegsmarine, ist ein glühender Nationalist, ein echter Samurai, ein bedingungsloser Anbeter des Gottkaisers. Energisch und zielbewusst setzt er seinen Plan gegen alle Widerstände durch. Er ist nicht nur ein erfahrener Seestratege, ein eiskalter Politiker, er ist auch intelligent.

Amerika ist ihm bekannt. Er hat in Harvard studiert, spricht ausgezeichnet Englisch, war jahrelang Marineattaché in Washington und kennt Land und Leute – und liebt das Land. Der Krieg gegen Amerika ist ihm verhasst, er unterschätzt nicht die Reichtümer des Landes und seine militärischen Kräfte.

Aber der Sieg des Nationalismus reißt ihn mit. Der Kampfgeist seiner Truppen flößt ihm Mut und Vertrauen ein. Er glaubt an Nippon. Er glaubt an die Vormachtstellung in Asien – und er glaubt an den Sieg.

Eines Tages zieht er sich auf sein Flaggschiff Nagato zurück, schließt sich in die Kajüte ein und entwirft den Plan des Überfalls auf Pearl Harbor. Schritt für Schritt geht er vor, ohne Überstürzung, überzeugt von seiner Idee.

Er braucht Freunde, Offiziere, die seinen Plan unterstützen, vor allen Dingen bei der Luftwaffe. Und er schreibt einen vertraulichen Brief an seinen Freund Onischi, Admiral der Marine, der besondere Kontakte zu Marinefliegern hat und von der Luftwaffe als modernes Kampfmittel überzeugt ist.

Onischi vertieft sich einige Tage in die Einzelheiten des

Planes. Er ist beunruhigt, aber nicht resigniert. Er überdenkt die Auswirkungen und kann sich nicht entschließen, kategorisch den Plan zu verwerfen.

Und so setzen sich die Räder einer Vernichtungsmaschinerie in Bewegung. Onischi zieht einen jungen, genialen Offizier der Marineluftwaffe ins Vertrauen, einen Mann mit glänzenden Ideen und scharfem Intellekt. Er liest den Brief Yamamotos, schiebt sein energisches Kinn noch weiter vor, spielt mit den scharfen Backenknochen und wirft Onischi einen aufmunternden Blick zu:

»Ich werde Ihnen einen ausgereiften Plan als Ergänzung in spätestens acht Tagen liefern.«

Er reißt die Hacken zusammen, legt die Handflächen an die Schirmmütze und zieht sich zurück. Das Gespräch hat nicht lange gedauert. Fregattenkapitän Genda ist wieder unterwegs zu seinem Flugzeugträger.

Die Pläne nehmen Gestalt an, und das Schicksal nimmt seinen Lauf.

Die Befehlshaber der Schlachtschiffe toben und halten Yamamoto für verrückt. Sie nennen seinen Plan leichtfertig und unverantwortlich. Sie setzen ihre Hoffnung auf die größten Schlachtschiffe der Welt. Weder von Flugzeugwaffen noch von den gepanzerten Flugzeugträgern sind sie überzeugt. Bei der Aufrüstung haben sie es verstanden, dass dem Bau von Schlachtschiffen der Vorrang gegeben wurde. Schwimmende Festungen, die alles bisher Dagewesene in den Schatten stellen, werden konstruiert und gebaut. Die Experten sind zuversichtlich.

Ende 1941, spätestens Anfang 1942 sollten die Riesen einsatzbereit sein. Aus größten Entfernungen können diese Giganten Flottenverbände zusammenschießen. Die »Musaschi« und die »Yamamoto« sind Schiffe mit 62 000 Bruttoregistertonnen. Neun 46-cm-Geschütze sind jeweils eingebaut. Im Grunde sind es Prestigebauten, Proklamationen der Macht.

Yamamoto schüttelt den Kopf. Es trifft die alten Seebären hart, als er sagt:

»Die Zeit der Schlachtschiffe ist vorbei. Ich würde mich mit ihnen ins Mauseloch verkriechen und die Götter anflehen, den gepanzerten Särgen gnädig zu sein.«

Yamamoto ist seiner Sache sicher. Das irritiert die anderen. Er ist ein alter Herr mit kurzen grauen Haaren, aber von unbeugsamer Natur.

Die vorweltlichen Riesen machen ihm keinen Eindruck, auch die Admirale nicht.

»Was wollen Sie denn mit den schwerfälligen Kästen machen? Der Feind wird sich nicht in den unermesslichen Weiten des Ozeans ohne weiteres einer Schlacht stellen. Er denkt gar nicht daran.«

Und Yamamoto denkt nicht daran nachzugeben. Noch gehört er zur Minderheit. Nicht einmal der eigene Stab steht hinter ihm. Aber das gedenkt er mit einem Kraftakt zu ändern. Er ruft seine Offiziere zusammen, baut sich als kleines, aber kompaktes Bollwerk vor ihnen auf und sagt:

»Lassen Sie sich also das eine gesagt sein: Solange ich Oberkommandierender bin, bleibt es dabei – Pearl Harbor wird angegriffen!«

Die Männer kneifen ihre Lippen zusammen, schweigen, gehorchen und treten ab.

Im Admiralstab ist es schwieriger. So kann er diese Männer nicht behandeln. Es sind Haudegen, die sich in vielen Kriegen ihre Sporen verdient haben. Yamamoto hat sich einen Plan in den Kopf gesetzt, der mit Einzelheiten aufgeschlüsselt ist. Also muss ihm auch etwas einfallen, die Militärstrategen zu überzeugen. Mit Vernunft ist da nichts zu machen. Die Wenn und Aber ist er leid. Mit Schulterzucken werden keine Kriege gewonnen. Und da er zu taktieren gewohnt ist, versucht er es mit einem psychologischen Trick. Außerdem wird es höchste Zeit.

Er schickt einen hohen Offizier zum Admiralstab und

verlangt ohne Umschweife ein Ja oder Nein. Wieder kommen Ausflüchte, Kritiken und abgeleitete Einwände. Der Abgesandte ist darauf entsprechend vorbereitet und zieht seinen Trumpf aus der Tasche: »Admiral Yamamoto besteht darauf, dass der Plan genehmigt wird. Ich bin zu der Erklärung ermächtigt, dass er anderenfalls nicht mehr die Verantwortung für die Sicherheit des japanischen Staates und Reiches übernehmen kann und mit seinem gesamten Stab zurücktritt.«

Das ist harter Tobak. Ausgerechnet jetzt. Auf der Schwelle zum Krieg mit Amerika. Der Admiralstab knurrt. Sie verehren Yamamoto, wenn auch mit knirschenden Zähnen.

Verärgert und mit halbem Herzen stimmen sie schließlich zu. Keiner will die Verantwortung übernehmen, den wichtigsten Militärexperten Japans im entscheidenden Augenblick gehen zu sehen.

Yamamoto reibt sich die Hände. Der Schachzug ist gelungen. Die schwierigste Hürde bis Pearl Harbor ist genommen, die wichtigsten Männer im Stab sind überspielt. Selbst der Kaiser sitzt ahnungslos in seinem Palast. Die Vorbereitungen müssen auf Hochtouren laufen.

∎ Der General und der Admiral

Zwei Männer stehen in Pearl Harbor nachdenklich vor der militärischen Lagekarte. Auf meterlangen Tafeln sind die Krisenpunkte des europäischen Kriegsschauplatzes markiert. Das Bild scheint düster. Die Prognosen klingen zwar günstig, aber niemand kennt die militärische Stärke und die moralische Kampfkraft des Gegners genau.

Hawaii beherbergt das Oberkommando des Fernen Ostens.

Es sind zwei Männer verschiedener Waffengattung, der eine ein Admiral, der andere ein General. Sie tragen zwei verschiedene Uniformen und zwei verschiedene Ränge. Hier hat die Superfestung ihre Achillesferse, nicht im Militärischen, im Menschlichen.

Der Kontakt der beiden ist auf ein Minimum reduziert. Sie verhandeln das Notwendige. Mehr nicht.

Der eine ist Admiral Kimmel, Oberbefehlshaber der Pazifikflotte, ein alter Seebär mit großer Erfahrung. Kimmel ist ein eingefleischter Offizier ohne Extravaganzen, ohne Leidenschaften und fühlbare Schwächen. Er spielt zwar Golf, ist aber diesem Sport nicht zwanghaft ausgeliefert. Er hasst alles Weichliche und Unmilitärische, alles Saloppe und Unordentliche. Er lebt mäßig und bastelt im Dienst und in seiner Freizeit an der Verbesserung der Kampfkraft seines Stützpunktes.

Pearl Harbor liegt nicht im Brennpunkt, aber auch nicht im Windschatten des Kriegsgeschehens. Dieses strategisch entscheidende Sprungbrett nach Asien ist militärisch gut bestückt. Wenn man von Übertreibungen absieht, gehört es zu den stärksten Seefestungen der Welt. Auf mehreren Flugplätzen stehen über 250 Bomber, Aufklärer und Jagdflugzeuge; drei große Flugzeugträger mit über 100 Maschinen gehören zum beweglichen Kampfpotenzial. Zehn Schlachtschiffe, schwere Kreuzer, Zerstörer, Geleitboote, Minensuchboote und U-Boote liegen verstreut in den Häfen, in Docks oder befinden sich auf See. Riesige Treibstofftanks, unterirdische Lager und Ölbunker halten für Flugzeuge und Schiffe, für alle Fahrzeuge mit Zwischenstation ausreichenden Nachschub bereit.

Besonders die U-Boot-Abwehr ist vorzüglich organisiert, weil die Inseln mit ihren rundherum schwach befestigten Küsten verwundbare Positionen für Überraschungsangriffe bieten.

Kimmel weiß das, aber es gehört zu seiner amerikanischen Erziehung, den schlitzäugigen Japaner zu unterschätzen. Auch die Japaner wissen das und bauen auf diese Fehleinschätzung.

Nach dem militärischen Protokoll ist Generalleutnant Short der zweite Mann auf Hawaii. Das ist merkwürdig genug, denn dem Range nach steht der Generalleutnant über dem Konteradmiral.

Short wurmt das. Er verheimlicht es auch nicht. Wenn er mit Freunden zusammen ist, platzt dem zweiten Mann nicht selten der Generalskragen. Auf unschöne Art, versteht sich. Er benutzt ein Vokabular, das dem letzten Dockarbeiter in San Francisco alle Ehre gemacht hätte. Aber Washington hat entschieden. Kimmel hat das letzte Wort, und der Mann vom Heer muss vor der aufgeputzten Wasserratte – wie Short sich auszudrücken pflegt – strammstehen. Das hat ihm noch gefehlt. Short flucht auf die Schreibtischstrategen im Pentagon, auf die Etappenhengste, auf die Vollbluttheoretiker, auf die ...

Hat Washington einen Fehler begangen?

War das Kriegsministerium schlecht beraten?

Hat die Führungsspitze in Washington Short eins auswischen wollen?

Davon kann keine Rede sein. Die Dinge liegen viel einfacher: Pearl Harbor ist eine Seefestung, und sie muss logischerweise von einem Marinefachmann kommandiert werden. Jedenfalls nach Ansicht des Pentagons.

Short bezweifelt die Logik und die Notwendigkeit.

Und doch blitzt in diesem sonst belanglosen Rangstreit eine verwundbare Stelle der Superfestung auf.

Washington hat tatsächlich einen Fehler begangen, einen kleinen psychologischen Fehler. Es hat die militärische Entwicklung verhältnismäßig klar vorausgesehen, aber nicht die Reaktion eines Ehrgeizigen.

Heer und Marine sind schon in Friedenszeiten nicht gut aufeinander zu sprechen. Jeder unterschätzt die Bedeutung des anderen. Heer, Luftwaffe und Marine harmonieren zusammen wie die Räder eines Uhrwerks – so etwa stellt sich Washington die Sache vor. Short kennt die Vorstellung und lächelt. Zwischen ihm und dem Kriegsministerium liegt eine Verärgerung, eine menschliche Kurzsichtigkeit.

Das Pentagon operiert mit Tatsachen, mit Zahlen, mit Dollars und Material, aber es rechnet nicht mit den heimtückischen Schwächen und den banalen Eitelkeiten der Menschen.

▌ Der Kaiser wird überspielt

Am 6. September 1941 lädt der japanische Gott-Kaiser Hirohito die führenden Männer Japans in seinen Palast ein. Der Kaiser sitzt erhöht. Über dem Ganzen lastet eine drückende Atmosphäre. Der Kaiser, der sich bisher bei vielen militärischen Unternehmen zögernd gezeigt hat, muss überzeugt werden. Er ist kein Mann der stahlharten Faust.

Der Ministerpräsident eröffnet die Sitzung. Umständlich gibt er zu verstehen, dass ein Krieg mit Amerika aus wirtschaftlichen Gründen gewagt werden müsse. Die Handelssperre wirke sich verheerend aus, kriegswichtige Materialien könnten nicht beschafft werden, und vor allem würden sich durch die Blockade der Ölzufuhr erhebliche verkehrstechnische Schwierigkeiten auftun.

Man spricht vom Kaiser weggewendet. Politiker und Militärs sind sich einig. Einer nach dem anderen steht auf und spricht sich für einen schnellen und handfesten Schlag gegen Amerika aus, um allen Schwierigkeiten vorzubeugen.

Der Kaiser schweigt wie bei allen Sitzungen, doch lässt er durch seinen Beauftragten klare Fragen an die Versammelten richten. Er befürchtet, dass man leichtfertig mit dem Krieg spielt und nicht alle Verhandlungsmöglichkeiten ausgeschöpft hat.

Die führenden Leute im Staat machen ihm deutlich, was bisher geschehen ist. Die Zeit des Verhandelns sei vorüber. Japan müsse das Schwert aus der Scheide ziehen. Und dann geschieht das Unvorstellbare. Der Kaiser erhebt sich, schiebt die Ärmel seines Gewandes zurück, fasst in die Tasche, holt ein Blatt Papier heraus und beginnt mit hoher Stimme ein Gedicht vorzutragen:

»Wenn doch alle Menschen auf Erden Brüder sind, warum wollen die Wogen und Winde heute nicht ruhn?« Er lebt abseits in seiner Welt und ist mit dem Ränkespiel der Politiker und Militärs wenig vertraut. Er träumt von einem großen Friedensreich, wie es sein Großvater in dichterischer Vision erschaut hat. Ehrfürchtig verneigen sich die Mächtigen des Reiches, versuchen dem utopischen Höhenflug ihres Gott-Kaisers zu folgen, aber bekommen sehr schnell wieder festen Boden unter die Füße.

In ihren harten Mienen spiegelt sich ihre Meinung wider. Sie sind vom Krieg und seiner Notwendigkeit überzeugt. Aber immer noch fehlt der kaiserliche Beschluss. Noch läuft die japanische Friedensmission auf vollen Touren. Der Schein muss gewahrt werden.

Aber nach und nach sickern Kriegspläne ins Volk. Die Nachrichten werden bedenklicher. Die Christen Japans nehmen das Ganze nicht als unabwendbares Schicksal hin. Vor allen Dingen der im ganzen Land bekannte Dr. Tojohiko Kagawe richtet ernste Mahnungen an das japanische Kabinett. Über den Weg der Regierung bittet er ehrerbietig den Kaiser zum Eingreifen in letzter Minute. Diese Botschaft hat der Tenno nie erhalten.

Die Christen halten im ganzen Land Gebetsversammlungen ab, um für einen guten Ausgang der Verhandlungen zu beten. Aber gewisse Männer in Tokio haben bereits den Hahn gespannt, die Kugel steckt schon im Lauf. Und sie denken nicht daran, die Waffe aus der Hand zu legen, auch wenn der Kaiser und das Kabinett bisher den Krieg nicht beschlossen haben.

Yamamoto lässt sich nicht beirren. Seine Ratgeber benennen ihm alte verdiente Offiziere, die einen gebrauchsfertigen Schlachtplan ausarbeiten sollen. Aber er will keine Alten.

Er ist selbst nicht mehr der Jüngste. Er kennt seine Schwächen. Energisch schüttelt der eigensinnige, verehrte Chef den Kopf. »Ein Jahr älter, zehn Schritte zaghafter!«

Er kennt nicht nur das japanische Sprichwort, er handelt auch entsprechend. Seine Augen fallen auf Minoru Genda.

Die Intelligenz des jungen, schneidigen Seeoffiziers ist in der Marine bekannt. Haudegen mit Köpfchen. Das braucht Yamamoto. Es ist sonst nicht seine Art, zimperlich mit Untergebenen umzuspringen. In diesem Fall befleißigt er sich gutbürgerlicher Manieren. Er braucht einen Mitarbeiter, keinen Befehlsempfänger.

Genda steht vor ihm. In militärischer Ehrerbietung, hoch aufgeschossen wie eine schlanke Pappel.

»Zschi o, negai shimas tetsudatte kudasai!« (Ich bitte Sie sehr herzlich, helfen Sie mir bitte!)

Der junge Offizier verspürt die ungewöhnliche Situation. Er reißt seinen Arm an die Mütze. Er kann kaum sprechen. »E kekko des!« (Ja, gern!)

Yamamoto steht auf und gibt dem jungen Mann die Hand. Ein eindrucksvoller Vertrauensbeweis.

»Domo arigato goizaimas.« (Ich bin Ihnen sehr dankbar.) Keinen Wimpernschlag zögert der junge Mann, den Blitzangriff auszuarbeiten. Er ist zu jung, um Bedenken zu haben, zu skrupellos, um von Fehlschlägen zu reden.

»Ich müsste ein Dummkopf sein, um das Risiko nicht zu kennen, und ein Versager, um einen der ungewöhnlichsten Überraschungsangriffe der Geschichte nicht zu meistern.«

Yamamoto schenkt ihm Zeit, Mitarbeiter und – Vertrauen. Genda ist zu ehrgeizig, um es zu missbrauchen. Und damit rechnet der Oberbefehlshaber. Tagelang zieht sich Genda in die Stille zurück. Einzelheit auf Einzelheit wird sorgfältig geplant und durchdacht. Er hasst die Überstürzung. Außerdem ist er klug genug, die Folgen eines solchen abenteuerlichen Piratenstreiches voll zu übersehen. Der Hieb muss gelingen, und er muss sitzen.

Der Angriff hängt in erster Linie von einem erfahrenen Flieger ab. Neue Techniken müssen erprobt, neue Waffen entwickelt, revolutionierende Kampfmethoden erprobt werden.

Genda hat Ideen. Ihm fehlt nur der Mann, der den Plan in die Tat umsetzt.

Immer neue Namen stehen auf seiner Liste. Die Elite der japanischen Luftwaffe wird systematisch unter die Lupe genommen. Neue Ratgeber nennen neue Leute. Fehler und Schwächen, Stärken und hervorstechende Eigenschaften werden gegeneinander abgewogen. Genda berät sich mit einem Psychologen. Der Mann nennt ihm die entscheidenden Punkte:

»In erster Linie gute Nerven, Nerven wie Hanfseile. Dann muss der Mann beliebt sein – wie ein amerikanischer Baseballspieler. Die Leute müssen an ihm hängen, sie müssen für ihn durchs Feuer gehen. Und Ruhe muss er ausstrahlen. Halb Japan kann in Flammen stehen – die Götter mögen es verhüten – und sein Gesicht muss Siegesgewissheit ausstrahlen. Verstehen Sie, was ich meine?«

Genda nickt. Er hatte zunächst an die fliegerischen Eigenschaften gedacht. Der Psychologe setzt noch einmal nach:

»Können ist gut, Führereigenschaften sind besser. Selbstverständlich brauchen Sie einen Haudegen – aber mit Köpfchen. Ein Mann mit Panzerfäusten ohne Hirn schlägt Ihnen alles kaputt.«

Der Marineoffizier verbeugt sich.

»Domo o-kagesama – de« (Ich bin Ihnen sehr verbunden).

Der Psychologe hat Genda die letzten Zweifel genommen. Seine Wahl steht fest. Die letzten Namen werden auf der Liste gestrichen. Ein Mann bleibt übrig – Mitsuo Fuchida.

Keiner der Ratgeber widerspricht. Jeder ist überzeugt. Ein Mann mit einer glänzenden Offizierslaufbahn, mit ungebrochenem Nationalbewusstsein, mit Ehrgeiz, Mut und Können. Er ist in Amerika gewesen, kennt Land und Leute, ihre Mentalität, ihre Stärke, ihr unermessliches Kriegspotenzial. Das Land hat ihn fasziniert und abgestoßen zugleich. Die Überheblichkeit der Weißen war ihm begegnet, und er spürte den Stolz Nippons in sich, die Weißen aus dem Reich der unbegrenzten Möglichkeiten in ihre Schranken zu verweisen.

Er ist kein Anfänger, leicht zu begeistern und ohne Zaghaftigkeit. Tausende von Flugstunden hat er hinter sich. Der Stab Gendas hat säuberlich addiert. Fuchida ist einige Male verwundet, Orden auf der Brust, und ...

Yamamoto liest die Liste seiner Eigenschaften, Vorzüge und Beurteilungen durch. Nur ein Name steht auf der Liste.

Genda ist gerissen genug, keine Risiken einzugehen. Er persönlich will Fuchida und keinen anderen. Der Oberbefehlshaber nickt Genda zu, reicht ihm das Blatt Papier zurück und reibt sich befriedigt die Hände.

Der schlanke, schmalgesichtige Genda überragt den alten Seestrategen. Yamamoto schaut zu ihm auf.

»Ich habe in Amerika studiert, in Harvard. Die meisten Amerikaner halten uns für komische, kleine Kerle mit Hornbrillen, vorstehenden Zähnen und für einfallslose, dumme Nachäffer. Ich habe einen Artikel gelesen – in Amerika –, wo sie behaupten, die Japaner haben infolge

einer Kuriosität der Natur einen Ohrfehler. Ihr Gleichge-
wichtssinn ist gestört. Sie werden nie ein Volk von Flie-
gern werden.«

Mit breitem Mund, käuend wie eine Ziege, die ihr Maul
hin- und herschiebt, ahmt er mit amerikanischem Akzent
den Yankee nach. Er ist ausgelassen heute und lacht
hämisch vor sich hin. Dann macht er eine kleine Pause und
kneift seine ovalen Augenlider noch mehr zusammen.

»O-yasumi nasai, Mister Amerika!« (Gute Nacht, Mister Amerika). Banzai, Genda, der Traum ist süß, und man
soll Träumende nicht stören.«

Aus dem Lebenslauf Fuchidas

Fuchidas Eltern sind ausgesprochen solide und geachtete Bürger in Nagano, in einem kleinen Bauerndorf. Interessanterweise wollte auch sein Vater Berufssoldat werden. Sein Nationalstolz war groß. Aber vor Eintritt in die Militärakademie verlor er sein linkes Auge bei einem kämpferischen Basketball-Turnier.

▍ Geboren im Jahr des Tigers

Im Dezember 1902 wird der Sohn Mitsuo im Jahr des Tigers geboren. Viele Japaner deuten das Jahr als gutes Omen, denn der Tiger ist die Verkörperung von Führerschaft und Schutz im menschlichen Leben. Gemäß der japanischen Tradition sollen Tiger-Menschen äußerst einfühlsam, mutig und gleichzeitig herzliche Menschen sein. Im Lebensrhythmus würden Frühling und Winter leicht verlaufen, die Mitte des Lebens dagegen solle Schwierigkeiten bringen.

Fuchidas Mutter ist eine überaus herzliche und freundliche Frau. Aber sie ist korrekt, gradlinig und moralisch. Sie duldet keine Unfreundlichkeit und korrigiert jede Lieblosigkeit. Mitsuo Fuchida sagt von ihr: »Mutter schimpfte mich ständig aus, wenn ich unanständig war.«

Zweifellos ist der Vater die beherrschende Persönlichkeit in seiner Kindheit. Der Großvater hätte es gern gesehen, wenn Mitsuo Fuchida einen geistlichen Weg einschlagen würde. Er versucht ihn für den Buddhismus zu interessieren. Er schenkt ihm eine geistliche Schrift, die Mitsuo Fuchida auswendig lernt. Sein Leben lang schätzt er diesen Gedanken. Aber der väterliche Einfluss ist stärker. Ohne Frage mischt der Großvater kräftig bei der Erziehung mit. Er hätte gern einen »ernsten Spartaner« aus ihm gemacht.

Mitsuo Fuchida zeigt schon als Junge Führungsqualitäten. Die Nachbarskinder wählen ihn immer wieder zum Anführer, wenn sie sich Schein-Schlachten liefern oder Schnitzeljagden durchführen.

Mitsuo Fuchida ist zehn Jahre alt, als der russisch-japanische Krieg ausbricht.

Selbstverständlich versteht er nicht, was gespielt wird, aber eine kriegerische Stimmung begleitet sein Leben und Denken. Darum ermutigt ihn sein Vater, eine militärische Karriere anzustreben. Was ihm selbst verwehrt blieb, will er in seinem Sohn realisieren.

▎Die Autorität des Vaters

Der Vater nimmt in Nippon eine hervorragende Stellung ein. Seine Autorität ist unumstritten. Die Töchter sprechen in Ehrerbietung von ihm. Sein Wort gilt. Die meisten Söhne nähren keine Auflehnung in ihren Herzen. Sie kennen zwar kein größeres Schimpfwort als »Unterwerfung«, aber der Vater bildet eine Ausnahme.

»Ehrenwerter Vater«, sagt die Tochter.

»Ehrenwerter Vater«, sagt der Sohn. Mitsuo denkt nicht anders. Er hasst alles Feige und Schlappe, alles Schwächliche, alles Kriecherische, nur die Götter, der Kaiser und der Vater bilden eine Ausnahme. Schon in den ersten Schuljahren, als er einigermaßen die Schriftzeichen beherrschte, musste er in sein Heft den Satz schreiben: »Ein Japaner fürchtet sich vor Erdbeben, Feuersbrünsten, Taifunen ... und vor seinem Vater.«

Der alte Herr Fuchida ist ein biederer, aber ehrgeiziger Mann. Die alte Tradition der Samurai fließt in seinen

Adern. Er hat nur einen Wunsch: Mitsuo soll ein Mann werden, ein Held, ein brauchbares Werkzeug in der Hand der ruhmreichen Nation.

Die übrigen Familienmitglieder sind nicht da. Er ist mit seinem Sohn allein. Draußen ist es kalt. Ein *Kotatsu,* ein Holzkohlenfeuer, verbreitet eine angenehme Wärme. In der Mitte des Fußbodens befindet sich eine flache, quadratische Grube, in der das Feuer knisternd vor sich hinbrennt. Über der Grube erhebt sich ein niedriger Tisch, über den eine große Steppdecke gelegt ist. Sie ist ungefähr doppelt so groß wie der Tisch. Oft sitzen hier die Familienangehörigen rund um die Feuerstelle, halten ihre bestrumpften Beine in die Grube und ziehen die Steppdecke über ihren Knien fest.

An der Wand steht das schintoistische *Kamisdana,* der Hausaltar. Er birgt die Seelen aller Vorfahren der Familie. Ein Heer von Vorfahren – Krieger, Kaufleute, Bauern – beinhaltet der göttliche Schrein. Aber hinter diesen stehen die größten aller Götter, die Kaiser. In gerader Linie zurückreichend vom gegenwärtigen Herrscher über Taisho und Maigi zur Sonnengottheit. Es ist eine stolze, machtvolle, bedrückende Überlieferung.

Der Vater trägt einige Stücke Napfkuchen ins Wohnzimmer. Er lächelt zu seinem Sohn hinüber.

»Die Frauen sind nicht da, Mitsuo, von Männergesprächen verstehen sie nichts. Die Zeit ist günstig.« Beide stecken ihre Füße in die Grube und ziehen die Steppdecke über ihre Knie.

»Da, nimm.«

Mitsuo macht eine knappe Verbeugung und greift zu. Der Kuchen wird in Japan *Kasutera* genannt. Er wurde im 16. Jahrhundert zusammen mit dem Christentum durch die Portugiesen eingeführt. Zweihundert Jahre lang wollten die Japaner vom Christentum nichts wissen, aber den Kuchen haben sie übernommen.

Der Vater stellt den leeren Kuchenteller zurück auf den Rand der Feuerstelle.

»Mitsuo, du wirst bald die Militärschule besuchen. Du weißt, nur die Tüchtigsten werden unser Land regieren. Asien muss aus seinem Schlaf erwachen. Die westliche Welt ist durch ihren Fortschritt der unsrigen davongelaufen. Wir hinken weit hinterher. Und nur Japan hat die Kraft, die Führung Asiens zu übernehmen. Unser Volk, das Zweige und Äste eines mächtigen Baumes bildet, dessen Stamm die kaiserliche Familie darstellt, geht in direkter Linie auf die Sonnengöttin zurück. Wo ist ein Volk mit solcher Tradition? Wo gibt es Menschen, die einen heiligen Herrscher haben, der eine verehrungswürdige Ahnenkette von 2000 Jahren aufweisen kann? In einigen Jahren, Junge, 1940, werden wir den 2600sten Jahrestag der Gründung des ersten Kaiserreiches im Jahre 660 vor der Zeitrechnung feiern. Du hast es in der Schule gelernt, dass Dschimu-Tenno die Provinz Yamamoto eroberte in Zentraljapan. Er errichtete dort seine Hauptstadt, baute einen Palast und feierte den Sieg mit Zeremonien zu Ehren seiner Ahnherrin, der Gottheit Ameterasú.«

Er macht eine Pause und stochert in den Holzkohlen. Dann sieht er seinen Sohn mit leuchtenden Augen an, vielleicht ist es auch ein fanatisches Blitzen: »Die westliche Welt ist bis an die Zähne bewaffnet. Ihre Truppen und ihr Kriegsmaterial sind zahlenmäßig den Japanern überlegen. Aber unser Mut, unsere Entschlossenheit und unsere göttliche Sendung machen uns unüberwindlich.« Mitsuo schaut seinen Vater an und wiederholt nur die letzten Worte:

»... machen uns unüberwindlich.«

Es ist kein gedankenloses Nachplappern, keine traditionelle Ehrerbietung. In seinen Adern pulsiert die nationale Leidenschaft, und in seinem Herzen hat sich die feste Gewissheit eingenistet, mit Japan zur Führung der asiatischen Welt berufen zu sein.

»Lass uns vor dem *Kamisdana,* vor dem Altar, niederknien. Der Hauch der Götter soll uns anwehen und die Gewissheit in unseren Herzen stärken.«

Beide knien vor dem Schrein auf dem kleinen Teppich nieder. Die Sonne ist untergegangen. Der Vater spricht wie allabendlich das traditionelle Ahnengebet. Zweimal am Tag wird es rezitiert: Wenn die Sonne aufgeht und wieder hinter dem Horizont versinkt. Beide knien erhobenen Hauptes vor den Totentafeln. Monoton und mit feierlicher Stimme betet der Vater, nachdem beide zweimal in die Hände geklatscht haben:

»An die geehrten Seelen der geehrten Urahnen. An alle die Ahnengenerationen nach ihnen, an alle die geehrten Seelen meiner Verwandtschaft und an die Seelen aller derer, die hier Verehrung empfangen. Ich verehre euch und bete vor euch, ihr geehrten Seelen, und ich bitte euch, lasst meinem Hause und meinem Leibe und meinem Leben keinen Schaden geschehen! Habt Acht auf mich bei Tag und Nacht! Hört dies mein Gebet und behütet mich! Lasset es meinen Kindern und Kindeskindern und Nachkommen immer besser ergehen; schenkt ihnen langes Leben und Gedeihen, auf dass sie eure Seelen verehren. Ich bitte für Mitsuo, der zur Militärakademie geht. Euer göttlicher Krafthauch wehe ihn an, dass er ein tapferer Samurai werden möge. In stiller Andacht flehe ich euch an, hört mein Gebet und schirmt uns alle mit Wohlfahrt! Mit Ehrfurcht und Demut flehe ich zu euch und erweise euch Verehrung!«

Zweimal klatschen Vater und Sohn in die Hände und erheben sich. Ernst schauen sich beide an. Dann ergreift der Vater die Hand des Sohnes.

»Und noch eins, Mitsuo: Tapferkeit ist gut, Geduld ist besser, Tapferkeit kann ein Rausch sein, du stürzt dich besinnungslos auf den Feind. Die Götter haben dir Verstand gegeben. Geduld ist notwendig. Überlege, was du tust. Nimm die Worte mit auf den Weg, wenn du in Kyoto oder Hiroshima zur Akademie gehst, die Tokugawa Jeyasu aus dem Hause Minamoto vor einigen hundert Jahren gesagt hat: Stark und mannhaft stehen die im Leben, welche die Bedeutung des Wortes Geduld verstehen. Geduld bedeutet, die Neigungen in Schranken zu halten. Es gibt sieben Emotionen: Freude, Zorn, Angst, Liebe, Kummer, Furcht und Hass; und wenn ein Mensch diesen nicht freien Lauf lässt, kann er geduldig genannt werden. Verstehst du das, Tapferkeit ist gut, Geduld ist besser. Der Sieg kommt nicht von heute auf morgen. Wir können warten. Mit dem göttlichen Wind kommt auch der göttliche Sieg.« Mitsuo verbeugt sich: »Ja, ehrenwerter Vater.«

▌ Der Weg zur Marine ist vorgezeichnet

Kriegsgeschrei, Loblieder und Hurra-Patriotismus tun neben der väterlichen Ermutigung ein Übriges, um Mitsuo Fuchida zu motivieren, sich bei der Militärakademie zu bewerben. Allerdings möchte er zur Marine. Er liebt die See über alles. Er ist ein guter Schwimmer. 1918, im Alter von 16 Jahren, geht er nach Osaka, um sich für die Militärakademie zu qualifizieren. Und doch, er kommt nicht an. Er besteht den Körpertest nicht. Er leidet an Untergewicht. Aber er lässt sich nicht entmutigen.

Da er seines Untergewichts wegen an der Militärakademie in Osaka abgelehnt wird, stellt er sich zur Prüfung an der Ausbildungsstätte für angehende Handelsmariner in Kobe. Nachdem er die Prüfungen erfolgreich abgelegt hat, beginnt er 1921 seine Ausbildung an der Marine-Akademie in Eta Jima.

Unter den Kameraden befindet sich auch als Student Seine königliche Hoheit Prinz Takamatsu, Bruder des Kronprinzen und späteren Kaisers Hirohito. Alle Auszubildenden sind strengstens angewiesen, keine Freundschaft mit Seiner königlichen Hoheit zu beginnen.

Auf der Akademie gehört Fuchida zu den Besten. Er ist ehrgeizig, strebsam und immer im Einsatz. Nebenbei absolviert er ein strenges Sportprogramm. Fuchida selbst entwickelt sich zu einem Meisterschwimmer.

Auf der Marineakademie macht Fuchida die Bekanntschaft mit Minuro Genda, der später in seinem Leben eine besondere Rolle spielen wird. Genda stammt aus einer alten Samurai-Familie. Auch er ist ein glänzender Schüler, dem eine große Karriere vorausgesagt wird.

Eines Tages geschieht etwas Seltsames. Im Hafen der Marine-Akademie landet ein Flugboot. Ein Offizier erklärt den Kadetten das Geheimnis des Flugzeuges. Und plötzlich fragt er die Gruppe der zuhörenden Kadetten:

»Ist hier jemand anwesend, der den Wunsch hat, ein Flieger-Offizier zu werden? Wenn ja, darf er mit mir eine Luftfahrt machen!«

Fuchida ist der Erste, dessen Hand in die Höhe geht. Ein versteckter Wunsch geht in Erfüllung. Er steigt in die F-5-Maschine und startet zu seinem ersten Flug. Als er aussteigt weiß er, dass er seine Berufung gefunden hat. Auch seine neue Bekanntschaft, Minuro Genda, entscheidet sich an jenem Tag, Marine-Flieger zu werden. Beide werden enge Freunde.

Am 1. September 1923, im dritten Jahr Fuchidas auf der Marine-Akademie, wird Japan von einem gewaltigen Erdbeben heimgesucht. Die Katastrophe berührt Fuchida tief. Urplötzlich wird ihm bewusst, wie zerbrechlich sein schönes Heimatland ist. Aber er glaubt auch, dass diese Katastrophe den Nationalcharakter, die Ausdauer, die Geduld und die Tüchtigkeit seines Landes stärken wird. Er beherzigt das asiatische Sprichwort: »Was uns nicht umwirft, macht uns härter!«

Fuchida beendet 1924 seine Ausbildung auf der Marine-Akademie. Aber bevor er als voll ausgebildeter Leutnant zur See in Dienst gestellt wird, hat er eine lange Trainingsfahrt zu bestreiten.

Sie führt ihn nach Amerika, bis San Francisco. Fuchida ist an Bord der *Yakumo*, als er im Verband mit Kreuzern, eskortiert von den amerikanischen Schlachtschiffen *West Virginia*, *Colorado* und *Maryland*, in den Hafen von San Francisco einläuft. Fuchida ist überwältigt von den riesigen und modernen amerikanischen Schlachtschiffen. Verglichen mit seinem Flottenverband, kommt er sich vor wie auf einem »verräucherten Kahn-Geschwader«. Er gesteht später, dass er vor Scham brannte und an einem verwundeten Stolz litt. Die meisten seiner Mitoffiziere sind ebenfalls geschockt. San Francisco und die amerikanischen Seestreitkräfte rollen den roten Teppich aus für die Offiziere der japanischen Marine. Die Übermacht und die ausgezeichnete Ausrüstung der amerikanischen Flotte hinterlassen bei Fuchida einen tiefen Eindruck. Er weiß, dass die japanische Flotte den 40-cm-Geschützen des Schlachtschiffes *Maryland* nichts entgegenzusetzen hat.

Nach dem Krieg gibt Fuchida zu erkennen, dass der Flottenbesuch einen Wandel in seinem Denken gesetzt hat. Unter diesen Umständen ist ein Krieg zwischen Japan und Amerika unmöglich.

Als er wieder in Japan ankommt, sind Scham und Minderwertigkeitsgefühle schnell verflogen. Die nationale Propaganda trommelt gewaltig. Das Selbstbewusstsein wird mit allen Mitteln aufgeblasen. Vielleicht kann man mit neuen Techniken und anderen strategischen Verfahren den schwerfälligen Schlachtschiffen zu Leibe rücken.

▌ Fuchida wird Marineflieger

Die Erlebnisse in Amerika sind kein Zufall. Sie beeinflussen seinen weiteren Lebensweg. Denn in den folgenden Jahren wechselt Fuchida zur Marine-Luftwaffe. Auf dem Luftwaffenstützpunkt Kasimigaura lässt er sich zum Marineflieger ausbilden. Alle Vorschläge, U-Boot-Fahrer zu werden, sich in Navigation weiterzubilden oder Torpedospezialist zu werden, schlägt er in den Wind. Leidenschaftlich und diszipliniert absolviert er seine Flugübungen. Er ist mit seinem Flugzeug verbunden wie ein amerikanischer Cowboy mit seinem Pferd. In Flugzeugen sieht er die Zukunft militärischer Überlegenheit.

Die Forderungen der Instrukteure, die ihn ausbilden, sind außerordentlich hoch. Viele Piloten fallen dabei mit ihren Maschinen ins Wasser. Aber Fuchida will die hoch gesteckten Ziele erfüllen. Er ist überzeugt, dass Japan viele Geschwader kampferprobter Marineflieger und Marineflugzeuge benötigt, um im Kriegsfall gegen die Vereinigten Staaten gerüstet zu sein.

▌ Abgestürzt

1929 wird Fuchida auf den Flugzeugträger *Kaga* abkommandiert. Er und ein weiterer Marine-Offizier unternehmen gemeinsam in einem Flugzeug in der Süd-China-See Beobachtungsflüge. Radar gibt es damals noch nicht.

Als sie die Grenze ihres Suchgebietes erreicht haben und zurückfliegen, finden sie ihren Flugzeugträger *Kaga* nicht wieder. Dicker Nebel ist aufgekommen. Der Dunst verhindert die Sicht. Plötzlich meldet sein Kollege, dass sie nur noch Benzin für zehn Minuten Flug haben. Beide befinden sich etwa in 2000 m Höhe inmitten dicker Nebelwolken. Fuchida ist erschrocken und folgt einer inneren Stimme, die ihm sagt: »Flieg so hoch du kannst, und dann lässt du dich im Gleitflug hinuntertragen, bis der Treibstoff ausgeht.« Seinem Kollegen gebietet er das Gleiche. Ihr Flugzeug schraubt sich in eine Höhe von ca. 8000 Metern. Die Maschine beginnt nach kurzer Zeit zu blubbern, und die Motoren geben ihren Geist auf. Der Treibstoff ist verbraucht, die Wolken liegen unter ihnen. Durch eine Wolkenlücke beobachtet Fuchida mit einem Fernglas den Ozean. Schließlich erblickt er einen kleinen weißen Flecken auf dem Wasser. Eine chinesische Dschunke. Sein Kollege vollbringt die Meisterleistung, das kraftlose Flugzeug auf die Dschunke zu richten. Neben dem Schiffchen platscht das Flugzeug ins Wasser. Fuchida wird verletzt, vermutlich von einer Instrumententafel. Seine rechte Wange zeigt eine klaffende Wunde. Zeit seines Lebens trägt er sichtbar diese Narbe. Das schöne Flugzeug, das vornüber ins Meer gekippt ist, verschwindet in den Fluten. Der chinesische Kapitän fischt beide Japaner heil aus dem Wasser und zieht sie auf seine Dschunke.

Immer wieder wird Fuchida gefragt, wie er sich den Eindruck erkläre, das Flugzeug in höchste Höhen zu lenken, um dann in die Tiefe zu gleiten. Er selbst ist in dieser ausweglosen Situation zu dieser rationalen Überlegung gar nicht fähig gewesen. Später, als Fuchida Christ geworden ist, glaubt er, diese innere Stimme, die er klar und überzeugend vernommen hat, als Botschaft Gottes identifizieren zu können. »Gottes Intuition hat uns gerettet. Sein Schutzengel hat uns bewahrt.«

▮ Ja, ich nehme den Kuchen!

1930 wird Fuchida als Leutnant auf den Flugzeugträger *Kaga* zur Marinebasis Kyushu abkommandiert. Er besucht seinen Vater, seine Mutter und seine Verwandten. Die Frau seines Vetters flüstert ihm ins Ohr, dass es in der

Nähe ein sehr nettes Mädchen geben würde. Fuchida wird ganz verlegen. Bis zu dieser Zeit hat er eine Heirat nicht im entferntesten in Betracht gezogen. Sicher, er findet Frauen attraktiv. Aber er ist auf dem Flugzeugträger viel zu beansprucht, um ernstlich an Haus und Familie zu denken. Auf der anderen Seite ist er jetzt 29 Jahre alt und die Zeit läuft.

Am andern Tag nimmt ihn die Frau des Vetters mit zum Haus eines geachteten und reichen Bauern, der über einen großen Landbesitz verfügt. Die Gespräche verlaufen recht unpersönlich. Sie dienen dem gegenseitigen Kennenlernen. Unter den Teilnehmern befindet sich auch die Tochter des Grundbesitzers Haruko. Sie trägt einen wunderschönen Kimono. Ihr schwarzes Haar schmückt eine Krone. Sie hat braune Augen und zeigt einen verschmitzten Humor.

Als die Familie sich zum Abschied anschickt, fragt der Vetter Fuchida:

»Möchtest du gern ein Stück Kuchen mitnehmen?«

»Ja, ich nehme den Kuchen!«, antwortet er, ziemlich überrascht. Er denkt bei sich: Hoffentlich hast du das Richtige gemacht.

Als sie zu Hause angekommen sind, sagt der Kuchenspender:

»Wenn ein Mann ein Stück Kuchen mit nach Hause nimmt, bedeutet das, er liebt das Mädchen.«

Seltsame Sitten und Gebräuche bringen manchmal zwei Menschen zusammen. Unbeabsichtigt hat Fuchida praktisch einer Verlobung zugestimmt. Von der Frau ist er angetan, von den Umständen gar nicht. Und dann geht alles sehr schnell. Haruko ist bereit, glücklich und erwartungsvoll. Sie ist gerade 25 Jahre alt und hat eine gute Schulbildung hinter sich. Die Familie der Braut mag Fuchida. So wird es höchste Zeit, die Heirat zu arrangieren. Alle Seiten sind einverstanden, und so wird die Hochzeit für den 7. Januar 1932 angesetzt. Der 7. Januar wird in Japan als der »Große Friede« gefeiert. Fuchida wird beim Marineministerium vorstellig, um die Erlaubnis für seine Heirat zu bekommen. Fuchida und seine Frau heiraten im Shinto-Stil. Sechzig Leute sind bei der Zeremonie anwesend, von jeder Familie dreißig Personen.

»Alles geschah so plötzlich«, schreibt Fuchida später, »genau wie bei einem Überraschungsangriff.«

1934 wird ihr erstes Kind geboren, ein Sohn. Beide Eltern sind stolz. Der Sohn wird Yoshiya genannt – ein Streber nach Freundlichkeit.

Im März 1937 wird das zweite Kind geboren, ein Mädchen. Beide Eltern sind überglücklich. Sie nennen einen Jungen und ein Mädchen ihr Eigen. Das Kind wird Miyako – ein hübsches Mädchen – genannt. Beide Kinder sind charakterlich sehr unterschiedlich. Der Junge wächst als ein ruhiges und ernstes Kind auf. Er kann viele Stunden gut für sich allein spielen. In ihm steckt eine äußerst konstruktive und erfinderische Begabung. Selbstständig baut er ein Radio und bastelt introvertiert und ungesellig vor sich hin. Das Mädchen ist im Gegensatz extrovertiert, liebt Menschen und Geselligkeit. Selbst bringt sie sich das Malen bei und besucht eine Nähschule.

Fuchidas Höhenflug

3

Am 1. November 1939 wird Fuchida auf den großen Flugzeugträger *Akagi* als Geschwader-Kommandeur bestellt. Das Schiff wurde 1927 in Dienst gestellt. Inzwischen ist es aber gründlich überholt und die alten Geschütze sind durch neue ersetzt worden. Fuchidas Spezialgebiet auf dem Schiff sind Torpedo-Angriffe mit Hilfe von Flugzeugen.

Zum ersten Mal begegnet er Admiral Isoroku Yamamoto, dem späteren Kommandeur der vereinigten Flotten, der für den Angriff auf Pearl Harbor verantwortlich zeichnet. Der Chef des Flugzeugträgers arbeitet gezielt am Aufbau der japanischen Marine-Luftstreitkräfte. Beide sprechen über Stunden zusammen. Es ist ein Wunder, dass Admiral Yamamoto Fuchida in seine geheimen Strategiepläne einweiht. Zeit seines Lebens hat dieser erfahrene Krieger Fuchida geachtet.

▌ Schlachtschiffe oder Flugzeugträger?

Inzwischen ist Hitler kriegerisch in Europa tätig. Fuchida bewundert diesen mächtigen Mann, der in kürzester Zeit eine gewaltige Macht entfaltet hat. Im Sommer 1940 erwartet die Welt, besonders auch Japan, die Invasion Englands. Aber sie bleibt aus. Für viele unverständlich. Fuchidas Freund Minuro Genda, der ein Jahr in England als Marine-Attaché verbracht hat, wird von Fuchida gefragt, warum Hitler die Invasion Englands nicht gewagt hat. Er hört die überraschende Antwort: »Hitler hatte einen wichtigen Grund, die Invasion zu verschieben. Ihm fehlte die Luftüberlegenheit.«

Wieder ein Hinweis, nicht die Landstreitkräfte zu fördern und auf die Überlegenheit von übergroßen Schlachtschiffen zu setzen, sondern mit aller Kraft die Luftwaffe aufzubauen.

1940 wird Fuchida Luftwaffen-Stabsoffizier des 3. Luftgeschwaders auf den kleinen Flugzeugträgern *Ryujo* und *Shoho*. Immer wieder geht es in den Diskussionen um die Frage:

»Wie viel Flugzeuge brauchen wir, um die Schlachtschiffe zu schützen?«

»Sind die Flugzeugträger dazu da, die Schlachtschiffe zu schützen?«

»Oder sind die Flugzeugträger dazu da, selbstständig in einer Formation zusammengeschlossen zu werden, um einen massiven Luftschlag gegen den Feind zu führen?«

Fuchida ist zweifelsfrei der Meinung, die Flugzeugträger sollten von Schlachtschiffen unterstützt und beschützt werden.

Im August 1941 erhält Fuchida ein Telegramm, das ihn zurück auf den großen Flugzeugträger *Akagi* beordert. Er ist sehr überrascht, war er doch erst neun Monate Stabsoffizier des 3. Luftgeschwaders gewesen. Schon im Oktober wird er in den Rang eines Kommandeurs erhoben. Nie zuvor ist ein junger Flugzeugführer in seinem Alter in solch eine Position befördert worden. Sein Freund und Gefährte Minuro Genda hat seine Finger im Spiel. Genda ist ebenfalls zum Stabsoffizier der neu aufgebauten Ersten Luftflotte geworden. Er arbeitet an einem Projekt – streng geheim. Er versteht es, die Spitzenkräfte der japanischen Marine-Luftwaffe für das geheime Unternehmen zu engagieren. Genda ist von Fuchidas Kampfgeist überzeugt. Er sieht in ihm eine begnadete Führungspersönlichkeit mit der Fähigkeit, unerwartete Situationen schnell und verantwortlich zu meistern. Allerdings kennt Genda eine Schwäche Fuchidas: Er trinkt gern. Viele seiner Kollegen trinken entschieden mehr. Es ist ein Teil eines Machoverhaltens, das viele Japaner zur Schau tragen. Eine Ausnahme bildet Admiral Yamamoto. Er lebt abstinent und weiß, dass schon zwei oder drei Drinks seine Entscheidungsfähigkeit beeinträchtigen.

▎ Wir suchen den Mann, der Unmögliches möglich macht

In Japan blühen die Kirschen, als Fregattenkapitän Genda Mitsuo Fuchida aufsucht. Er selbst will ihm den Plan unterbreiten und einige Feinheiten mit ihm abklären.

Genda hat den Vorentwurf eines Schlachtplans in der Tasche. Es bedarf keiner Mühe, den Nationalisten Fuchida für seinen Plan zu gewinnen. Genda beschönigt nichts.

»Wir suchen einen Mann, der Ungewöhnliches möglich macht. Er muss tollkühn sein, aber nicht leichtsinnig. Todesmutig, aber kein Selbstmörder ... Du kannst nein sagen, Mitsuo. Du musst nicht. Niemand zwingt dich. Jeder wird dir später sagen, der Plan grenzte an Wahnsinn.« Genda wartet die Wirkung seiner Worte ab.

»Sie haben Recht, die Grenze zwischen Genie und Wahnsinn ist schmal. Wir müssen die Grenze wagen.«

Fuchida lächelt. Mühsam unterdrückt er jede Begeisterung. Er ist Japaner vom Scheitel bis zur Sohle, Jahrhunderte asiatischer Beherrschung liegen ihm im Blut. Lächeln und die wahren Gefühle verbergen. Und wenn die liebsten Angehörigen sterben, ein Japaner lächelt. Seine Gesichtszüge bleiben unbeweglich, wenn Trauergäste kommen, wenn Trauergäste gehen. Das hat ihm den Makel der Heuchelei eingetragen. Ausländer glauben dem Japaner das bis zur Maske erstarrte Lächeln selten.

Genda weiß das und schaut Fuchida in die Augen. Sie trügen nicht. Der wässrige Schimmer sagt ihm mehr als viele Worte, und der Händedruck seines ehemaligen Kameraden von der Offiziersschule bestätigt ihm: Fuchida ist der Mann.

Männer mit Bedenken kann Genda nicht gebrauchen. Sie zögern, übertragen auf andere eine gewisse Unsicherheit und schwächen im entscheidenden Augenblick die Kampfkraft. Er gibt sich keinen Illusionen hin: Wer in Pearl Harbor die Nerven verliert, beschwört das Ende herauf.

»Ich befehle dich dem Wohlwollen der Götter!«

Fuchida verneigt sich höflich.

»Wir alle werden es nötig haben. Aber ich bin fest davon überzeugt, die Götter brennen darauf, es uns zu gewähren.« Genda reicht seinem Mitstreiter die Hand.

»Go-kofuku-o inorimas!« (Ich wünsche dir viel Glück.)

»Arigato, omedeto gozaimas!« (Danke, gleichfalls.)

»Banzai!«

»Banzai!«

Fuchida steht vor dem roten Schrein.

Seine Eltern und Großeltern haben schon vor ihm gekniet. Sein Herz pocht. Die Nation hat ihn auserwählt für ein heiliges Werk. Die Ahnen schauen auf ihn. Er wird ihren Segen erflehen und ihren Beistand.

»Hakko ichiu, die Stunde ist gekommen, wo alle acht Ecken der Erde unter einem Dach vereinigt werden, unter dem Schutzdach Japans.«

Zum ersten Mal hat Dschimmu-Tenno den Gedanken geäußert, und zwar vor Jahrtausenden.

Fuchida klatscht in die Hände und preist die Götter. Zweitausend Jahre haben die anbetungswürdigen Kaiser verstreichen lassen, jetzt ist die Stunde gekommen.

»Asien den Asiaten!«

»Der Weg Japans – der Weg der Götter!«

Die Ahnen lenken seine Gedanken.

»Unbesiegbares Nippon – deine Götter, dein Schutz – dein Sieg!«

»Ihr Gegenwärtigen und Zukünftigen, euer Atem wehe uns an, vollendet, was wir planen, plant, was wir vollenden sollen.«

Mitsuo klatscht in die Hände.

»Lob und Preis den Göttern!«

Versunken starrt er auf den roten Schrein. Ein Gedicht des göttlichen Kaisers geht ihm durch den Sinn:

»Kiri-ga haremas, hi-ga dete imas.« (Der Nebel lichtet sich, die Sonne scheint.)

▌ Torpedos aus der Luft?

Flugzeuge sind im 2. Weltkrieg das entscheidende Kampfmittel. Mit Hilfe von Flugzeugträgern können sie praktisch an entlegensten Brennpunkten der Welt eingesetzt werden. Flugzeugstützpunkte und Schiffe sind mehr und mehr gefährdet. Neue Methoden und Techniken werden angewendet. Bis dahin unbekannte Gefahren müssen bedacht werden. Die Flugzeugabwehr verschlingt Millionenbeträge. Im Augenblick prüft Washington die Möglichkeit eines Angriffes mit Torpedos aus der Luft.

Großbritannien wird konsultiert, das die größte Erfahrung mit Lufttorpedos gesammelt hat. Die britische Admiralität gibt umgehend Nachricht. Stark, der Marinegewaltige in Washington, ist optimistisch, als er die Nachricht in Händen hält. »Die Maximalhöhe, aus der gegenwärtig Torpedos abgeschossen werden können, beträgt 250 bis 300 Fuß. Die Abschussgeschwindigkeiten liegen zwischen 120 und 150 Knoten. Die Minimaltiefe des Wassers darf nicht weniger als 60 Fuß betragen.«

In Hawaii wird Admiral Kimmel um Auskunft gebeten.

»Wie beurteilen Sie einen Angriff mit Torpedoflugzeugen auf Pearl Harbor?«

Der Oberbefehlshaber setzt sich mit seinen Beratern zusammen. Die Hafenvermessungsleute legen ihre Zahlen vor.

»Die Durchschnittstiefe des Wassers in Pearl Harbor beträgt 30 Fuß. An vielen Stellen weniger. Wir haben die günstigsten Werte genommen. In den Kanälen sind die Rinnen allerdings 40 Fuß tief.«

Kimmel hat seine persönliche Meinung nicht verschwiegen und schließt seine Überlegungen mit folgenden Sätzen:

»Man darf annehmen, dass für den erfolgreichen Abwurf eines Torpedos aus Flugzeugen das Wasser mindestens 60–70 Fuß tief sein muss. 150 Fuß sind erwünscht. Allerdings wird ein möglicher Feind die Tiefe des Wassers kennen und entsprechende Vorsorge treffen. Die Hafenbecken von Pearl Harbor sind so flach, dass die Gefahr eines erfolgreichen Torpedoangriffs auf Pearl Harbor gleich null ist ... Um ganz sicher zu gehen, sollte die Anbringung von Ablenkplatten gegen Torpedos geprüft werden.«

Im Pentagon ruft Admiral Stark einige Marinetechniker zusammen. Sie kommen schnell zu einem Ergebnis:

»Ausgeschlossen, Ablenkplatten sind in Pearl Harbor unmöglich. Die Schiffskonzentration im Hafen ist so groß, dass die Beweglichkeit über Gebühr eingeschränkt wird.

Im Ernstfall kann es leicht zu Verengungen führen, und was das heißt, wissen Sie besser als ich.«

»Und wenn wir Torpedofangnetze anbringen?«

Die Techniker schütteln den Kopf.

»Unsere Netze sind zu schwer. Wir brauchen leichtere, die man in Pearl Harbor verwenden kann. Im Augenblick ... «

» ... haben wir keine und brauchen auch keine«, sagt Admiral Stark. »Kimmel hat uns selbst die Chance ausgemalt. Ich hatte mir etwas mehr ausgerechnet. Warum soll Kimmel nicht Recht haben? Hawaii liegt im Augenblick nicht im Brennpunkt unserer Überlegungen. Wir brauchen alles Material in Europa, um Hitler niederzuzwingen.«

▌ Die Marinestreitkräfte stehen vor schweren Problemen

Auf dem Flugzeugträger *Akagi* findet die entscheidende Sitzung statt. Karten von Pearl Harbor und der Insel Oahu liegen auf dem Tisch. Vizeadmiral Nagumo leitet die Sitzung. Minuro Genda erklärt den Anwesenden, wo im Hafen die verschiedenen Typen der amerikanischen Flotte angedockt liegen. Der Angriffsplan soll in erster Linie mit Lufttorpedos erfolgen. Alle wollen Fuchidas Meinung hören. Er kommt sofort auf den schwierigsten Punkt des Unternehmens zu sprechen.

»Das Wasser in Pearl Harbor ist im Durchschnitt nur 40 Fuß tief, viel zu flach für unsere Torpedos.«

Minuro Genda lässt nicht locker. Er hat den Plan ausgearbeitet und will ihn durchziehen. Ehrgeiz und Nationalstolz bestimmen seine Haltung.

»Ein Torpedo-Angriff aus der Luft muss der Hauptschlag sein. Er fügt dem Gegner viel größeren Schaden zu als Bomben.«

Fuchida hat die größte Erfahrung mit Flachwasser-Torpedos.

»Japan hat aber keine Torpedos, die man nah genug auf der Oberfläche abschießen kann, damit sie ihr Ziel treffen und nicht vorher im Schlamm des Flachwassers verschwinden.«

»Dann müssen wir sie bauen!«, beharrt Genda. »Die Entwicklung überlassen wir unseren Ingenieuren. Sie werden das Problem lösen!« Die Tatsache, dass ein geeignetes Wurfgeschoss noch nicht erfunden ist, schreckt ihn nicht ab. Der Vizeadmiral schweigt. Er bewundert den Mut der jungen Leute und weiß, dass Selbstvertrauen und der Wille zum Erfolg Berge versetzen.

»Vertrauen wir der technischen Geschicklichkeit unserer Ingenieure und ihrem Erfindungsreichtum und einem intensiven Training mit diesen Waffen. Das ist die Aufgabe für Fuchida.«

Fuchida nickt, will aber seine Bedenken nicht kommentarlos hinunterschlucken: »Selbst wenn wir das Problem mit den Flachwasser-Torpedos gelöst haben, bleiben weitere ungeklärte Fakten. Was wissen wir über die Torpedoabfanganlagen, mit denen die großen Schiffe geschützt sein können?«

Genda ist von der Möglichkeit nicht überzeugt. Gewissheit hat er allerdings nicht. Auch Fuchida kann sich nicht vorstellen, dass Amerika schon diese Vorbereitungen im Einzelnen getroffen hat.

»Und eine zweite Schwierigkeit steht uns bevor. Für mich ist dieser Gesichtspunkt noch entscheidender. Viele US-Kriegsschiffe liegen zu zweit im Hafen verankert. Dadurch können wir die Innenseiten der Schiffe mit unseren Torpedos nicht erreichen.«

»Und wenn wir das mit Sturzkampfbombern erledigen?«, fragt Vizeadmiral Nagumo. Fuchida argumentiert, dass die Bomben die schweren Befestigungsanlagen der Schlachtschiffe kaum durchschlagen können. Dagegen sind die Flugzeugträger den Bombenangriffen hilflos ausgeliefert.

Die Sitzung auf dem Flugzeugträger Akagi wird mit der höchsten Geheimhaltungsstufe beendet. Bei vielen bleiben Bedenken. Auch Fuchida ist noch lange nicht überzeugt. Der größte Optimist, der alle Zweifel und Ängste lächelnd abschüttelt, ist Minuro Genda. Mit letzter Entschlossenheit wird er die letzten Zweifel vom Tisch fegen. Er wird dafür sorgen, dass die Kriegsbetriebe im

Schnellgang die Torpedofragen klären. Diese Waffen sind für Pearl Harbor entscheidend.

Nur diese Strategie kann in erster Linie den Erfolg des Überfalls garantieren.

▌ Erste Versuche mit Flachwasser-Torpedos

In der Nähe Tokios arbeiten Ingenieure Tag und Nacht, um Fuchida die entsprechenden Torpedos zu liefern. Noch stürzen sich in atemberaubenden Trainingszeiten seine Kampfflugzeuge auf das Hafenbecken von Kiuschu, ohne zu wissen, ob die Waffen jemals fertig werden. In Hawaii würden die bisherigen Torpedos sofort auf Grund gehen. Die spärlichen Nachrichten, die Fuchida erreichen, klingen immer ermutigender. Seine Leute stöhnen, aber sie haben ein Ziel. Die Anforderungen an sie werden laufend höher geschraubt, und die Abfangtiefe der Sturz-kampfflugzeuge wird von Mal zu Mal tiefer angesetzt. Anfang November ist es so weit. Die japanischen Experten atmen auf. Die ersten Versuche mit neuartigen Flach-wassertorpedos sind erfolgreich abgeschlossen. Die Erfindung ist so einfach, dass man sie kaum glauben kann: Stahlkielflossen haben das Problem gelöst.

Der Leiter des Ingenieurbüros ruft freudestrahlend Genda an:

»Chodo ju-ni-ji-o utta tokoro des.« (Es hat soeben 12 geschlagen.)

Es ist das verabredete Zeichen, dass das vorbereitete Experiment geklappt hat. Die Herstellung der Torpedos ist abgeschlossen. Die Prüfungen waren erfolgreich. Der Einsatz kann gewagt werden.

▌ Das japanische Kabinett
ist gestürzt worden

Politisch spitzt sich die Lage in Japan zu. Man munkelt von einer Regierungskrise. Mitte Oktober ist es so weit. Die Japaner lauschen an ihren Radiogeräten:

»Kyo-wa jagatsu ju-rokumichi kin' yobi des.« (Heute ist Freitag, der 16. Oktober.)

»Das japanische Kabinett unter Ministerpräsident Prinz Konoye ist zurückgetreten.«

Die Nachricht ist nur halb richtig. Das Kabinett ist gestürzt worden. Die gemäßigte Haltung des Ministerpräsidenten war für die kriegtreibenden Militärs nicht mehr tragbar. Die führenden Männer in Washington sind bestürzt. Präsident Roosevelt sagt eine ordentliche Kabinettssitzung ab und verbringt den Nachmittag mit Kriegsminister Stimson, Außenminister Hull und einigen Offizieren.

Die militärischen Berater beschließen eine Reihe Vorkehrungen im Pazifik. Geheime Depeschen werden an die Befehlshaber der verschiedensten Operationsgebiete verschickt.

»Es ist damit zu rechnen, dass Japan Angriffe gegen die Handelsschifffahrt der US unternimmt. Handelsschiffe der Vereinigten Staaten fahren jetzt wie folgt weiter: Schiffe, die sich in chinesischen Gewässern, im Chinesischen Meer oder in Gewässern Niederländisch-Indiens befinden, fahren sofort nach Manila, Singapur oder nach einem nordaustralischen Hafen. Schiffe, die im Nordpazifik in westlicher Richtung unterwegs sind, fahren, mit Ausnahme jener, die Wladiwostock als Ziel haben, nach Honolulu, es sei denn, sie befinden sich in der Nähe der Philippinen ... Die ganze Küstenschifffahrt im östlichen Pazifik geht weiter. Die üblichen Handelsrouten sollten gemieden werden.«

Die Flugplätze auf den Inseln Wake und Midway werden mit Langstreckenbombern verstärkt. Alle transpazifischen Truppentransporte, Munitionsschiffe und Tankschiffe erhalten Geleitschutz. Um den Geleitschutz auf ein Minimum zu beschränken, sollten alle Schiffe möglichst in Verbänden fahren.

Ausführlich bespricht der amerikanische Präsident mit seinen Beratern die Auswirkungen der Wahl des neuen japanischen Ministerpräsidenten Tojo. Er war bislang Kriegsminister und General. Hinzu kommt, dass er sehr deutschfreundlich eingestellt ist. Er verehrt Hitler und wartet auf die Stunde der Abrechnung mit Amerika.

Durch Gesetzveränderung sind mit der Wahl Tojos die Vollmachten des Ministerpräsidenten erhöht worden. Tojo konzentriert eine ungeheure Macht in seinen Händen. Er ist gleichzeitig Kriegsminister und Innenminister. Die drei wichtigsten Ämter im Staat befinden sich ab sofort in einer Hand. Washington ist fest davon überzeugt, dass sich die Beziehungen zu Amerika nur noch verschlechtern können. Tojo ist als extrem nationalistisch und als antiamerikanisch bekannt.

Die japanischen Militärs hatten Prinz Konoye bis zum 15. Oktober Zeit gegeben, sich mit der amerikanischen Regierung über gewisse Konzessionen zu einigen. Es war sogar eine Zusammenkunft beider Präsidenten geplant.

Der 15. Oktober war gekommen und hatte keine befriedigenden Ergebnisse gebracht. Das Kabinett trat zurück.

▎ Ministerpräsident Tojo gibt in Japan den Ton an

Außen- und Innenpolitik steuern jetzt einen harten Kurs. Systematisch werden die Gleise für eine Auseinandersetzung mit Amerika gelegt. Die taktische Planung ist ausschließlich Sache der Militärs. Praktisch entscheidet der kaiserliche Generalstab. Die Beschlüsse bedürfen zwar der Zustimmung des Kabinetts, das in einer neu eingerichteten Verbindungskonferenz, die aus Militärs und Regierungsvertretern besteht, viele Fragen vorklärt – praktisch ist der Einfluss der höchsten Offiziere aber unabwendbar. An den Sitzungen nehmen in der Regel alle Generalstabschefs und ihre Stellvertreter teil. Damit befinden sich die Militärs weit in der Mehrheit. Der Kaiser bestätigt die Beschlüsse der Verbindungskonferenz, die im so genannten Kronrat gefasst werden. Jeder Widerstand wird durch Mehrheitsbeschlüsse erdrückt. Und der Kaiser wird bei vielen Fragen und Problemen im Unklaren gelassen.

Tojo ist kein politischer Zauderer. Schon einige Tage nach seiner Wahl prüft er auf einer routinemäßigen Verbindungskonferenz, wie weit er die Ziele der nationalen Politik stecken kann. Er legt fünf Fragen auf den Tisch, die unverblümt einen Krieg gegen Amerika artikulieren:

1. Besteht Aussicht, dass die Vereinigten Staaten unsere Forderungen annehmen? (Aufhebung des Ölembargos gegen Japan, Freigabe von Schrott zur Verstärkung der Rüstung, Nichteinmischung Amerikas in den China-konflikt usw.)
2. Wie wird die Lage auf dem europäischen Kriegsschauplatz beurteilt?
3. Ist es möglich, dass Japan allein England oder Amerika bekämpfen kann?
4. Wie werden Kriegstüchtigkeit und Kriegspotenzial Amerikas eingeschätzt? Über welche Unterlagen verfügt Japan?
5. Wie kann das japanische Kriegspotenzial ausgebaut werden?

Die Angaben der Politiker sind durch die Bank negativer als die der Militärs. Frage eins wird allgemein verneint.

Niemand zweifelt daran, dass Amerika unnachgiebig bleiben wird. Die zweite Frage wird verschieden beurteilt. Der Außenminister ist der Ansicht, dass eine deutsche Invasion in England schwierig sei, ein langer Krieg zu erwarten wäre und Deutschland viele Rückschläge erleiden werde. Die japanische Armee ist der Meinung, Deutschland werde Russland und England besiegen. Sie streuen den Politikern Sand in die Augen, sprechen von deutschen Wunderwaffen, von Erfolgen zur See und in der Luft und den anhaltenden Invasionserfolgen in der Sowjetunion. Wie weit nationaler Größenwahn und militärstrategische Blindheit die Gemüter der Militärs verblendet hat, kann niemand mehr auseinander halten.

Die Antwort auf die dritte Frage ist allgemein ablehnend. Die aufschlussreichsten Antworten werden zur Frage vier geliefert. Übereinstimmend ist man der Meinung, dass das Kriegspotenzial der Amerikaner ungefähr sieben- bis achtmal größer sei als das der Japaner. Ja, man neigt vor allem bei den Politikern zu der Auffassung, dass keine Möglichkeit besteht, die Vereinigten Staaten direkt zu besiegen.

In keiner Weise ist das Bild positiv. Ja, die zahlenmäßige und wirtschaftliche Überlegenheit der Vereinigten Staaten ist deprimierend. Aber der große amerikanische Junge wird dem listenreichen Asiaten unterlegen sein. David wird den Goliat zur Strecke bringen. Begeisterung ist mehr als Schiffstonnagen und Bomber.

Die Parole vom unschlagbaren Nippon hat selbst die nüchternsten Politiker kopfscheu gemacht. Tatsachen kapitulieren vor Parolen.

▌ An der Seite Deutschlands wird der Krieg gegen England, Amerika und Holland beschlossen

Die japanischen Militärs atmen auf.

Am 5. November 1941 wird der Krieg gegen England, Amerika und Holland einstimmig beschlossen.

Niemand kann es sich leisten, an Nippon zu zweifeln, keiner beruft sich in letzter Minute auf die Vernunft.

Die Sitzung endet mit nationalen Begeisterungsrufen. Über die beherrschten Züge einiger alter Krieger laufen Tränen. Einige reißen ihre Degen in die Luft und springen von ihren Stühlen.

Die Kriegsvorbereitungen laufen längst auf Hochtouren.

Milliardenbeträge fließen seit langem in die Rüstung.

Mit dem 5. November ist der Krieg zwar beschlossene Sache, aber die außenpolitischen Bemühungen gaukeln den Gegnern weiterhin Frieden vor. Auch das japanische Volk selbst schwebt in Ungewissheit. Die Kriegsstimmung wird legal gefördert, aber eine klare Stellungnahme vermieden. Die Verhandlungen der Botschafter in London und Washington werden intensiviert, die Gesprächsbereitschaft erhöht, aber konkrete Ergebnisse hintertrieben. Botschafter Saburo Kurusu, ehemals japanischer Botschafter in London, fliegt mit zweifelhaften Kompromissvorschlägen nach Washington. Im Grunde sind es unannehmbare Angebote. Er weiß es genau. Aber der Schein muss gewahrt werden. Die Zeit ist noch nicht reif.

Der Ruhm Japans als kommendes Weltreich wird in schillerndsten Farben von Rundfunk und Presse geschildert. Vom Greis bis zum Kleinkind soll Japan ein Volk glühender Nationalisten werden. Warnende Politiker werden mundtot gemacht.

Der Kaiser und das Kabinett werden mit tollkühnen Vorschlägen überhäuft. Die Programme für das erste Kriegsjahr beinhalten atemberaubende Operationen. Mehr und mehr wird die Großmacht auf der anderen Seite des Weltmeeres unterschätzt. Selbst dem Oberkommandierenden der Kriegsmarine, Admiral Yamamoto, wird das zu viel:

»Wenn Sie mir sagen, es sei notwendig, dass wir kämpfen, dann werde ich in den ersten sechs Monaten bis zu einem Jahr des Krieges gegen England und die Vereinigten Staaten wie ein Rasender um mich schlagen und Ihnen eine ununterbrochene Reihe von Siegen erkämpfen. Ich muss aber auch sagen, dass, falls der Krieg zwei oder drei Jahre dauern sollte, ich nicht an unsern Endsieg glaube.«

Es war ein schwerwiegendes Wort. Aber man packte den Mann bei seiner nationalen Ehre. Sie wog mehr als alle Einsicht.

Yamamoto selbst war der Mann, der den Angriff auf Pearl Harbor ausarbeiten ließ.

Der beste Kenner Amerikas, der sonst genau weiß, was er will, hat sich vom Fieber nationaler Leidenschaften anstecken lassen. Er ist realistisch und nationalistisch verblendet zugleich. Die Sirenenklänge nationaler Vermessenheit haben seine sonst sprichwörtliche Nüchternheit untergraben. Der Faszination eines kurzen Krieges ist er erlegen.

Und Yamamoto kennt die Konsequenzen:

»Je gründlicher der Überraschungsangriff, desto schneller der Sieg.«

Spionage auf Hawaii

Yamamoto, der japanische Admiral und Kriegsbefehls-
haber für den Pearl-Harbor-Überfall, hat sich durch-
gesetzt. Genda hat den Plan ausgearbeitet, und Fuchida
beginnt, seine Flieger auszubilden. Nur eine Handvoll
Eingeweihter kennt den Termin des Losschlagens. Jetzt
kommt die Spionage dran. Unauffällig muss ein narren-
sicher funktionierender Apparat aufgebaut werden. Keine
tausend Quadratmeter auf Hawaii dürfen unbekannt
bleiben. Jedes Schiff muss in Tokio gemeldet werden,
jeder Liegeplatz, Öldepots, U-Boot-Bunker, Flugzeugstützpunkte, Fluchtbunker usw. Nach und nach wird
das japanische Generalkonsulat verstärkt. Männer werden ausgetauscht und durch ausgebildete Spezialisten
ersetzt.

▌ Joschikawa, der Spezialist vor Ort

Der wichtigste Mann ist ein ehemaliger Bürovorsteher,
Joschikawa. Er zählt ganze 29 Lenze und sieht aus
wie ein großer, schlaksiger Junge. Er war einmal mit
hochfliegenden Plänen zur See gefahren. Bis zum Leutnant hatte er es gebracht, war aber dann aus gesundheit-
lichen Gründen aus der Marine entlassen worden. Gren-
zenlos enttäuscht hatte er sich in einem Büro vergraben,
die Wände mit Bildern von Schiffen und namhaften Seestrategen übersät.

Er lebte in zwei Welten, machte einen etwas verspon-
nenen, schwächlichen Eindruck und war in Gedanken
mehr auf See als mit Zahlen beschäftigt.

Schließlich hat man ihn als Geheimagenten angestellt. Er kommt aus kleinen, bescheidenen Verhältnissen, hat keine ungewöhnliche Entwicklung durchgemacht, war nie in Amerika und will absolut als Agent gegen Amerika eingesetzt werden. Den ersten Auftrag, sich eingehend mit der amerikanischen Pazifikflotte zu beschäftigen, erledigt er mit einer solchen Präzision, dass der Chef der japanischen Abwehr den jungen Mann zu sich rufen lässt. Sechs Wochen hat er für die Arbeit gebraucht. Er kennt nicht nur sämtliche großen Schiffe mit Namen, sondern weiß auch über Wasserverdrängung, Bewaffnung, Lage und Personal Bescheid. Der Geheimdienst steht vor einem Rätsel. Ein solches Phänomen ist ihm noch nicht begegnet.

»Wo haben Sie die Unterlagen her?«

Die japanische Abwehr ist misstrauisch geworden. Sie wittert in ihm einen Doppelagenten. Joschikawa lächelt: »Aus Zeitungen, Rundfunknachrichten, amerikanischen Jahrbüchern, Taschenbüchern, Kalendern, Marinejournalen usw. usw.«

»Usw. usw.«, ahmt der Chef ihn nach.

»Ich meine es ehrlich, Joschikawa, wir können von Ihnen lernen.« Dann legt sich seine Stirn in Falten, und er stellt ihm Fangfragen.

Der junge Mann hat die Zahlen im Kopf. Mit einem Bleistift zeichnet er die Umrisse des befragten Schiffes, zeichnet Masten, Radaranlagen und Geschütztürme ein. Der Chef ist überzeugt, einen Gedächtniskünstler vor sich zu haben.

»Sie haben Ihre Aufgabe hervorragend erledigt.«

Joschikawa bleibt ganz ruhig.

»Das ist kein Auftrag, Chef, das ist meine Leidenschaft. Ich lebte einmal für die Marine, wurde entlassen und wäre beinahe vor Sehnsucht gestorben. Die Marine hat mich wieder. Sie hat mich ganz – mit Leib und Seele. Verstehen Sie das?«

Noch einige Wochen wird Joschikawa beschattet, um jeden Zweifel auszuschließen. Drei Männer sitzen ihm Tag und Nacht auf den Fersen. Sie finden nichts.

Dann wird er systematisch für seine große Aufgabe geschult. Der Geheimdienst gibt ihm immer größere Aufträge. Jede Einzelheit der amerikanischen Pazifikflotte prägt er sich ein. Er kennt Hawaii besser als jeder normale amerikanische Tourist, der monatelang dort war. Sein Wissen stammt aus Büchern.

Beim Außenministerium verbessert er sein Englisch und legt kurze Zeit später sein Examen ab.

Und dann wird er eines Tages nach Hawaii eingeschifft. Er hat die Insel nie gesehen und kennt sie doch in- und auswendig. Der Generalkonsul holt ihn persönlich ab. Dem amerikanischen Außenministerium wird er als Bürovorsteher gemeldet und in den dortigen Agentenlisten nicht geführt. Seine Jugendlichkeit und Unerfahrenheit machen ihn für die amerikanische Abwehr uninteressant. Joschikawa entwickelt seine eigenen Methoden.

Alle örtlichen Zeitungen liegen ihm morgens vor, und sorgfältig liest er die Spalten. Jede Schiffsankunft ist ihm bekannt, die wichtigsten Namen der Offiziere stehen in den Klatschspalten.

Die Pearl-City bietet einen herrlichen Blick auf den Hafen. Selbst den Flugplatz kann er von da genau übersehen. Auf dem Hafendamm haben geschäftstüchtige Japaner ein kleines Restaurant eröffnet. Er zählt zu den ständigen Gästen. Durch die großen Scheiben sieht er das Hafenpanorama vor sich. Er liest Illustrierte, blättert in Magazinen und kennt alle ein- und auslaufenden Schiffe. Er weiß, wann Öl getankt, Treibstoff übernommen, Lebensmittel geladen und Patrouillenfahrten unternommen werden. Schon nach einer Woche kennt er alle Patrouillenboote, Zerstörer und Geleitboote, weiß, in welchem Radius sie die See absuchen, kennt ihr Kontrollsystem, ihre schwachen Punkte und hat auf die Minute genau herausgefunden, wann die Patrouillenzeiten vorbei sind, welche toten Winkel offen bleiben.

Nur mit dem Generalkonsul, einem langjährigen Berufsdiplomaten, tauscht er alle Nachrichten aus. In der Regel schriftlich, um bei Untergebenen keinen falschen Verdacht aufkommen zu lassen. Alle Zettel werden sofort wieder verbrannt. Zeitungsnotizen schneidet er grundsätzlich nicht aus, um dem amerikanischen Abwehrdienst keine Handhabe zu geben. Mit einer Nadel sticht er die interessanten Stellen an, zeigt sie dem Konsul und führt ein eigenes Tagebuch. Den Schlüssel dazu hat er selbst entworfen, auswendig gelernt und wieder vernichtet. Mit Vorliebe besucht er amerikanische Feste und Sportveranstaltungen, horcht auf Gespräche und Informationen, hält sich aber immer zurück, um niemals das Augenmerk auf sich zu lenken.

▍ Das Spiel mit der japanischen Geisha

In der Öffentlichkeit bleibt Joschikawa der kleine, japanische Unbekannte. Er wird nie in Begleitung des Generalkonsuls gesehen, um dem FBI, dem amerikanischen Bundeskriminalamt, das vorwiegend die lokale Gebietsüberwachung, Abwehr und Gegenspionage betreut, keinen Grund zur besonderen Überwachung zu liefern.

Seine Konsulatstätigkeit kommt ihm besonders zustatten. Er hat japanischen Gästen und Touristen, Diplomaten und Kaufleuten die Sehenswürdigkeiten von Hawaii zu zeigen. Mit gecharterten Booten dringt er tief in die versteckten Buchten vor und lässt sich von harmlosen Besuchern wertvolle Aufnahmen machen, die in einer Spezialwerkstatt entwickelt werden. Er selbst fotografiert viel dabei, aber mit einer Kamera, die er seiner Freundin geschenkt hat, einer japanischen Geisha, die ahnungslos das gefährliche Spiel mitspielt. Er hat ein einfaches, liebenswürdiges Mädchen ausgewählt, dem er in gekünstelter Liebe zugetan ist. Es hängt an seinen Lippen; Joschikawa hatte noch Zeit gefunden, ein Buch über Liebe gründlich zu studieren, um galant und erotisch entflammt seiner Herzensdame zu begegnen.

Viele Amerikaner bleiben stehen und lächeln, wenn sie die beiden Händchen haltend beobachten. Die paradiesische Stimmung Hawaiis steht auf ihren Gesichtern geschrieben. Nur bei einem ist die Stimmung echt – bei dem Mädchen. Aber das wissen nur die Götter und der Generalkonsul.

Joschikawa muss fortwährend zwei Dinge gleichzeitig tun: flirten und spionieren, wobei das Spionieren bei weitem den Vorrang erhält. Sein Patriotismus kennt keine Grenzen. Um der Wahrheit willen muss allerdings gesagt werden, dass er nicht mit stürmischen und leidenschaftlichen Gefühlen ausgestattet war.

So ist seine Tugendhaftigkeit weniger Mangel an Gelegenheit – die hat er unaufhörlich –, sondern Mangel an Vitalität, und das ist gut so für Tokio, für Japan, für das Land der aufgehenden Sonne. Im Grunde hat ihn der Komplex, nicht für die Marine tauglich zu sein, zu diesen Höchstleistungen angespornt und befähigt. Er setzt Kräfte und Energien frei, die zur Ehre Nippons sich entfalten.

Joschikawa ist vielseitig. Um seinen Lebensunterhalt aufzubessern, verdingt er sich als Landarbeiter auf den Zuckerrohrfeldern von Aica. Die armen Japaner und Hawaiianer schütteln über den seltsamen Mann mit den feingliedrigen Händen den Kopf.

»Er hat Schulden gemacht«, sagen die einen.

»Vielleicht muss er auch Alimente zahlen«, meinen die anderen.

Joschikawa jedenfalls hat keine Veranlassung, den Landarbeitern den wahren Grund auf die Nase zu binden. Er schweigt und arbeitet, arbeitet und schweigt.

Die Felder sind steil, die Arbeit ist schwer, und das Kreuz tut ihm weh. Aber man hat hier den schönsten Blick auf Pearl Harbor.

Der Mann mit den zarten Händen erhebt sich und streckt beide Arme aus.

»Pearl Harbor, die Perle der Südsee. Hier müsste man ein bescheidenes Landhaus besitzen. Jeden Tag könnte man dann den Tausend-Dollar-Blick genießen.«

Der schmale Japaner stöhnt viel, reckt sein Kreuz und schaut über den friedlichen Hafen, in dem in Doppelreihe fein säuberlich hintereinander und nebeneinander die amerikanischen Stahlriesen liegen.

Er schaut auf die Uhr.

»Noch ein paar Minuten bis zum Mittagessen«, sagt ein Arbeiter.

Joschikawa wischt sich den Schweiß von der Stirn.

»Leider«, sagt er.

Nach einer Minute schaut er auf das offene Meer, dann hat das Schiff die Hafenausfahrt passiert. Ein flüchtiger Blick auf die Uhr, und er hat die Zeit gestoppt, die ein Schlachtschiff braucht, um von der Anlegestelle bis zur Hafenausfahrt zu gelangen. Zwei Tage später kommt Joschikawa nicht mehr wieder. Höflich hat er sich bei seinem Arbeitgeber verabschiedet. Die Arbeit sei ihm zu schwer geworden. Sein zarter Körper habe die schwere Arbeit nicht ausgehalten. Wer ihn gesehen hat, glaubt ihm aufs Wort.

Um die Militärflugplätze Hickam und Wheeler besser kennen zu lernen, die von Land aus schlecht kontrolliert werden können, verlegt er sich aufs Sportangeln. Um nicht als blutiger Anfänger zu erscheinen, kauft er sich zwei Taschenbücher: »Angeln für Anfänger«, »Angeln leicht gemacht«. Keine Ungeschicklichkeit soll Verdacht erregen, keine Lächerlichkeit den Meisterspion aufs Glatteis führen. Schließlich sind ihm die Arbeitsmethoden des FBI ein wenig bekannt.

Das beste Angelgerät steht ihm zur Verfügung, und der Erfolg bleibt nicht aus. Die Küche des Konsulats muss häufig ihre Speisepläne ändern und Sonderwünsche erfüllen. Die begehrtesten Fische des Atlantiks wandern in Pfannen und Töpfe. Allerdings merken die Botschaftsangehörigen bald, dass Joschikawa in dieser Sportart wenig Ausdauer entwickelt. Die Fischschwemme lässt bald nach, und spitze Zungen fragen den Bürovorsteher, wann er mal wieder am Pazifik sitzt.

»Das Zeug hängt mir zum Hals heraus. Und nur für andere mitten in der Nacht aufzustehen, das ist mir zu anstrengend. Meinen Sie nicht auch?«

Die Mitglieder des Konsulats lächeln zurück, und einer flüstert seinem Nachbarn zu:

»Die Wasser des Pazifiks sind tief, aber die stillen Wasser des Joschikawa sind tiefer.« Sie sind in der Tat noch viel tiefer, als sich die Belegschaft des Konsulats träumen lässt.

Die Vorbereitungen für den Überfall laufen auf Hochtouren

Am 5. November, etwa einen Monat vor dem geplanten Überfall, startet Fuchida eine Generalprobe. Dreihundertfünfzig Flugzeuge, die von sechs Flugzeugträgern starten, greifen etwa 200 Seemeilen entfernte Zielschiffe an. Alles entspricht dem Ernstfall: der Einsatz der Maschinen, der Flugzeuge, die Zielschiffe, die Lage und die Uhrzeit. Fuchida ist aufgeregt. Vizeadmiral Nagumo, der das Gesamtunternehmen vom Schiff aus gegen Pearl Harbor zu leiten hat, ist selbst anwesend. Zwei kleinere Manöver sind bisher zum Leidwesen von Fuchida kläglich ausgefallen. Dieses Mal muss es gelingen. Er hat die Startzeiten gestoppt, Verzögerungen berechnet und die Übungsflüge erfolgreich abgeschlossen. Die Handgriffe sitzen, das Zusammenspiel mit der Flotte hat sich gebessert, nachdem die zwei vorausgegangenen Manöver Fehler aufgedeckt haben. Vizeadmiral Nagumo ist befriedigt. Der Einsatz der Männer klappt hervorragend. Und von den Zielschiffen erhält er die Meldung:

»Kojeki wamigoto nari!« (Der Angriff war ein prächtiger Anblick!)

▌ Die japanische Trägerflotte setzt sich in Marsch

Am 17. November nimmt der Flugzeugträger »Akagi«, das Flaggschiff des Vizeadmirals, Kurs auf die Tan kan Bay, in der Nähe der Kurilischen Inseln. In diesem versteckten Hafen hält sich die Flotte verborgen. Ein

Schiff nach dem anderen schlüpft in die Hitokappebucht, bis 32 Flugzeugträger, Schlachtschiffe, Kreuzer, Zerstörer, U-Boote und Tankschiffe vereint sind.

Der Oberbefehlshaber Yamamoto nimmt die Gelegenheit wahr, in dieser verschwiegenen Bucht, tausend Meilen von Tokio entfernt, noch einmal die führenden Offiziere zusammenzurufen. Jeder erwartet eine mitreißende Ansprache. Aber er bleibt sachlich. Er hat bis hierher sein Ziel erreicht – im kühnen Alleingang, indem er alle Hindernisse geschickt und diplomatisch umschifft hat. Er trägt eine gewaltige Verantwortung. Keiner weiß das besser als er selbst.

Jeder ist sich im Klaren, dass etwas Besonderes in der Luft liegt. Der Krieg mit Amerika ist Tagesgespräch. Nur wann, wie und wo Japan losschlagen wird, bleibt allen ein Rätsel. Yamamoto klärt die letzten Zweifel. Der Krieg mit Amerika steht direkt vor der Tür. Allerdings bleibt er den Zeitpunkt und den Ort des Losschlagens schuldig. Jedes Wort nehmen ihm die Männer von den Lippen.

»Wir haben eine ruhmreiche Tradition. Unsere Offiziere und Soldaten waren in vielen Ländern und Schlachten siegreich. Aber der schwerste Gegner steht uns noch bevor – Amerika. Ich kenne das Land, seine Menschen, seine industriellen Möglichkeiten, seine Kräfte und vor allem seinen Erfindungsgeist. Der Sprung über den Ozean ist kein Katzensprung und die Höhle des Tigers kein Paradies. Hoch lebe der Kaiser, hoch lebe Nippon, hoch lebe der tapfere, japanische Soldat!«

Die Offiziere reißen die Arme hoch und rufen begeistert den japanischen Schlachtruf aus:

»Banzai, Banzai, Banzai!«

In der Ecke der Offiziersmesse schreitet Yamamoto auf Fuchida zu. Er kann ihm nicht die Hände auf die Schultern legen, dazu ist er zu klein. Zunächst ergreift er wortlos die beiden Hände des Flugzeugkapitäns und sieht ihm scharf in die Augen. Er will etwas sagen und weiß im gleichen Augenblick, dass es überflüssig ist. Er nickt ihm stumm zu, bewegt einige Male die Lippen und setzt sich dann zum Essen nieder.

Fuchida hat verstanden, auch ohne Worte. Von ihm hängt jetzt das meiste ab. Die Sehne ist gespannt, der Pfeil aufgelegt, der Schütze macht sich bereit, das Ziel anzuvisieren.

▍ Der Krieg ist unvermeidlich geworden

25. November.

In Washington hat Präsident Roosevelt den Kriegsrat zusammengerufen. Drei Minister gehören dem Gremium an, außerdem General Marshall und Admiral Stark. Die Sitzung beschäftigt sich ausschließlich mit dem Fernen Osten.

Der Präsident ist der Meinung, dass Japan schon in den nächsten Tagen einen Überraschungsangriff wagen wird. Die Verhandlungen sind auf dem Nullpunkt angekommen. Japan hat unaufhörlich neue Forderungen gestellt. Alle sind sich einig, dass keine weiteren Konzessionen gemacht werden können. Es bleibt nur noch die Frage der Kriegserklärung. Der Außenminister zieht ein bedenkliches Gesicht.

Und Kriegsminister Stimson weiß nur eins:

»Der Krieg ist unvermeidlich geworden. Aber wir sind entschlossen, nicht den ersten Schuss abzufeuern.«

In diesem Punkt ist der Kriegsrat einer Meinung.

Eine Depesche an die Armee wird formuliert: »Falls Feindseligkeiten nicht – wiederhole: nicht – vermieden werden können, wünschen die Vereinigten Staaten, dass Japan den ersten offenen Akt begeht.«

Die Meldung ist klar und gut abgesichert. Eine Demokratie kann sich keinen Angriffskrieg leisten. Die öffentliche Meinung wird niemals einen solchen Schritt bejahen.

Außerdem widerspricht er den amerikanischen Absichten. Jedenfalls im Prinzip:

Und doch weiß der Kriegsrat um die Provokation, die diese Sätze enthalten. Der Präsident will sie. Bestärkt wird er durch die Meinung Großbritanniens. Aus der Feder von Lord Halifax hat er eine deutliche Stellungnahme in Händen:

»Wir empfehlen der Regierung der Vereinigten Staaten, den Japanern hohe Forderungen zu stellen und kleine Angebote zu machen. Japan sollte nicht nur alle Truppen, sondern auch die gesamten Flotten- und Luftstreitkräfte aus Indonesien zurückziehen und aufgefordert werden, keine weiteren Angriffe mehr gegen China oder irgendein anderes Gebiet zu unternehmen.«

Die militärischen Berater stimmen zu. Amerika vermeidet jegliche Aggression, bestärkt Japan aber gleichzeitig in seinen Kriegsabsichten. Und doch bleibt ein dunkler Punkt in dieser militärischen Planung. Kriegsminister Stimson hat die schwache Stelle entdeckt.

»Gut, Japan riskiert den ersten Schuss. Mehr als das, es wagt einen Überraschungsangriff auf Siam, Malaya oder Holländisch-Ostindien und nicht gegen die Philippinen. Es greift die Verbündeten an und nicht die USA selbst – was dann?«

Die Frage leuchtet ein.

Außenminister Hull versucht, das Vorgehen zu skizzieren.

»Das könnte eine ziemlich peinliche Situation schaffen, wenn die Japaner – wie Minister Stimson in Erwägung zieht – nicht Amerika direkt angreifen. Ich weiß nicht, ob der Kongress es uns abnimmt, wenn wir uns nur auf die Freiheit der Nation berufen und auf die Tatsache, dass Japan mit Hitlerdeutschland verbündet ist und eine Welteroberungspolitik betreibt. Die Überlegungen werden einleuchten, aber rechtfertigen sie ein Eingreifen Amerikas?«

General Marshall ist optimistisch und liefert neue Argumente.

»Nach unseren Informationen ist mit einer Expedition im Süden zu rechnen. Das heißt, die Japaner bedrohen unsere Interessen auf den Philippinen und schneiden unsere lebenswichtigen Zufuhren von Guam und Malaya ab. Ebenso ist unsere Schifffahrt gefährdet, ganz abgesehen davon, dass wir schon im letzten Sommer ultimativ Japan vor diesem Schritt gewarnt haben. Jede weitere Konzession grenzt ja an Selbstmord.«

Präsident Roosevelt schüttelt den Kopf.

»Die Argumente sind gut und richtig. Aber unsere Politik hat viele Gegner im Kongress. Mit Sicherheit würden sie uns aus allen Rohren beschießen und als wilde Kriegstreiber abstempeln. Solange keine Übergriffe auf amerikanische Besitzungen erfolgen, wird der Kongress nicht zum Eingreifen zu bewegen sein.«

Kriegsminister Stimson zieht darauf den einzig möglichen Schluss: »Also können wir nur darauf hoffen, dass die Japaner sich zu einem schweren Schlag gegen Amerika entscheiden. Wir haben den Kongress und die Nation sofort auf unserer Seite.«

Die Besprechung wird vertagt.

Der Präsident hat sein abschließendes Urteil für sich behalten. Nur der Kriegsminister hat den Mut gehabt, schonungslos offen die Karten auf den Tisch zu legen.

▎ Das lückenhafte amerikanische Warnsystem

Eine Kriegswarnung aus Washington lässt Kimmel persönlich zum Hörer greifen. Er will sich sofort mit General Short zusammensetzen. Die Warnsysteme müssen aufeinander abgestimmt werden. Bisher herrschte ein grandioses Durcheinander. Kimmel hat sich auf die Informationen seiner Marine verlassen. Short ist von der Brauchbarkeit seines Heeressystems überzeugt.

Jeder legt auf seine Weise die Kriegswarnung vom 27. November aus. Die Marine kennt drei Warnsysteme, besser drei verschiedene Bereitschaftsgrade:

Nr. 1: höchste Bereitschaft,

Nr. 2: mittlere Bereitschaft,

Nr. 3: Rückkehr zum Normalzustand.

Die Marine fängt immer mit der höchsten Bereitschaft an und baut dann allmählich ab.

Das Heer ist gegenteiliger Meinung. Dort fängt man mit Nr. 1 an. Diese Alarmbereitschaft richtet sich gegen Sabotage, Alarmbereitschaft Nr. 2 richtet sich gegen Flugzeugangriffe und Nr. 3 bedeutet allerhöchste Gefahr.

Diese verschieden gehandhabten Warnsysteme sind bezeichnend. Jeder verteidigt sich auf seine Weise. Jeder hält sein System für das bessere. Jeder geht seiner Taktik nach – nur nicht einer gemeinsamen militärischen Absprache.

Der *Army Aircraft Warning Service* (AWS) ist eine einzige Katastrophe. Die Armee ist verantwortlich für die Überwachung der Küste aus der Luft, für die Errichtung eines Radarnetzes, und die Marine patrouilliert in den Küstengewässern und besorgt die Fernaufklärung. Wie weit die Luftaufklärung in Wirklichkeit geht, ist nie abgesprochen worden. Der eine glaubt bis 40 Meilen, andere sprechen nur von 5 Meilen. Wäre tatsächlich ein U-Boot irgendwo gesichtet worden, und zwar von Heeresflugzeugen, das Hauptquartier der Luftwaffe wäre zunächst informiert worden, anschließend das Heer, zuletzt die Marine. Ob eine solche Verbindung im Ernstfall überhaupt geklappt hätte, wurde nie ausprobiert. Es taucht kein U-Boot auf. Wahrscheinlich wäre die Marine erst in einer halben Stunde informiert gewesen.

Radargeräte befinden sich auf Oahu in Kawailoa, auf Kahuku Point und noch an einigen anderen Stellen. Diese Radargeräte werden von Generatoren betrieben, die bei häufigem Gebrauch versagen. Es wird darum die mehr als weise Anordnung gegeben, die Generatoren zu schonen. Es ist unvorstellbar, aber wahr, sie werden darum nur stundenweise in Betrieb genommen. Die Radargeräte haben außerdem den Nachteil, dass sie auf große Distanz eingestellt sind. Zwischen 30 und 130 Meilen können sie Flugzeuge orten. Flugkörper, die sich weniger als 30 Meilen vom Radar entfernt befinden, werden nicht registriert. Für Tiefflieger sind alle Geräte unbrauchbar. Einen unglaublichen Fehler leisten sich zudem die Amerikaner, dass sie mit einem zivilen Telefon die Verbindung der Radarstation auf Oahu und der Hauptwarnstelle aufrechterhalten. Die Nachrichtenzentrale selbst hat nur zum Flugplatz Wheeler eine ordentliche Telefonverbindung. Letzte Stichproben im Monat September ergeben, dass die Funkverbindung mit Jagdflugzeugen fünf Meilen hinter der Küste aufhört. Erst im August werden bewegliche Radaranlagen angelegt, und im November treffen die Peiltische ein. Die erforderlichen Offiziere sind schlecht ausgebildet und können mit Sicherheit Flugzeuge nicht identifizieren. Außerdem stellen sich unübersehbare Schwierigkeiten ein. Die Radargeräte liefern unkontrollierbare Echozeichen und Störungsgeräusche von den umliegenden Bergen. Vielleicht sind die meisten durch menschliches Versagen zu erklären.

Es gibt kein einheitliches Oberkommando, darum auch keine verantwortlichen Verbindungsoffiziere zwischen den einzelnen Waffengattungen. Jeder peilt für sich. Jeder schlägt sich auf seine Weise mit technischen Schwierigkeiten der Geräte herum. Auch einige amerikanische Schiffe haben Radar an Bord. Etliche Offiziere sind im Sommer 1941 darin ausgebildet worden. Allerdings liegt der praktische Nutzen unter den Erwartungen. Es gibt mehr Störungen als positive Ergebnisse.

Die Fernaufklärung erstreckt sich auf die Entfernung von 300-400 Meilen. Auf verschiedenen Sektoren werden in der ersten Dezemberwoche regelmäßig Aufklärungsflüge durch die Marine durchgeführt. Allerdings will man gleich zwei Fliegen mit einer Klappe schlagen. Die Flüge haben in erster Linie den Zweck, Piloten auszubilden, um die nach und nach eingetroffenen Patrouillenbomber einzufliegen. An den Wochenenden kehren die Maschinen in ihre Stützpunkte zurück. Die Flugzeuge müssen überholt werden. Auf der anderen Seite hat Washington entsprechende Wünsche angemeldet, im Falle eines Falles, das heißt, wenn Amerika mit Japan im Pazifik aneinander geraten sollte, müssen die Bomber für Angriffe auf gegnerische Stützpunkte bereitstehen.

Die Marine hat an dieser Stelle bescheidene Forderungen erhoben. Ihre Aufklärung geht über 400 Seemeilen nicht hinaus. Kimmel weiß als Seestratege aber ganz genau, dass im Grunde mindestens 800 Seemeilen ausgekundschaftet werden müssen, um vor Überraschungsangriffen durch große Trägerverbände sicher zu sein. Er hat das auch in Washington zur Sprache gebracht. Aber man braucht im Augenblick die Bomber woanders. Im Frühjahr bereits hat er im Pentagon mindestens 180 B-17-Bomber für diese intensive Fernaufklärung beantragt. Sie sind am grünen Tisch mit einem Federstrich abgelehnt worden.

Die militärische Abwehr schätzt offensichtlich die technische Ausrüstung der Japaner gering ein. Kimmel verlässt sich darauf und zieht mit seinem Zirkel auf der Karte einen engen Radius. Es ist ihm recht, er spart Flugzeuge, Piloten und Treibstoff.

Spannung vor dem Sturm

Der japanische Flottenverband hat sich auseinander gezogen, um einem konzentrierten Überraschungsangriff der Amerikaner ausweichen zu können. Fast so weit wie die Adria erstreckt sich der Konvoi. Etwa 100 Seemeilen von den Flugzeugträgern entfernt preschen U-Boote durchs Meer. Hinter ihnen folgen Zerstörer und Kreuzer. Auf den Schiffen wird fieberhaft gearbeitet. Auf den Flugzeugträgern brummen abwechselnd Motoren. Mechaniker laufen mit Gerätekästen herum, Propeller werden angeworfen und auf Hochtouren gebracht. Jedes Versagen schwächt das Gesamtunternehmen.

Die Ungewissheit hat ein Ende. Offiziere und Matrosen kennen das Angriffsziel. Absolute Funkstille liegt über dem Verband.

Die Munitionsbunker werden geöffnet, Bomben mit Winden an die Oberfläche gezogen, Maschinengewehrgurte werden ausgegeben. Soldaten hängen sich die langen Ketten wie Blumengirlanden um den Hals. Ruhig und ohne Überstürzung werden sie in die Kästen gepackt.

Unter die Flugzeuge werden die gefürchteten Flachwassertorpedos gehängt. Die Zünder werden eingestellt und die Schrauben geölt. Nur manchmal geht ein Lächeln über die ernsten Gesichter der Soldaten, wenn Bombenschützen ihre Torpedos und Granaten beschriften. Auf den Schiffen ist Kreide knapp geworden. Unsinnige und haarsträubende Parolen werden auf den explosiven Stahl geschrieben.

»Friss einen fetten Happen!« »Ein strahlender Kuss!« »Krieg mit Amerika!« »Klein, aber oho!«

»Gruß aus Tokio!«

Ein Torpedo trägt die Inschrift: »Eine Zigarre, die schmeckt!«

Und ein anderer: »Kein Holzbohrwurm – ein Stahlbohrwurm!«

Natürlich fehlen nicht die nationalen Töne: »Asiens Sonne geht auf!«

»Asien den Asiaten!«

»Japan beherrscht den pazifischen Himmel und das pazifische Meer!«

▮ Der amerikanische Präsident ist empört

Nur wenige Stunden nach der Besprechung Präsident Roosevelts mit seinen Ministern und Beratern sind die Kriegsaussichten weiter gestiegen.

Der amerikanische Armee-Nachrichtendienst hat aus dem pazifischen Raum eine wichtige Meldung über japanische Truppenbewegungen gefunkt.

Außerhalb der Küstengewässer von Formosa sind japanische Transporter mit dem Expeditionskorps von Admiral Ozawa gesichtet worden.

Offensichtlich soll die malaiische Halbinsel angegriffen werden.

Kriegsminister Stimson hat sofort den Außenminister und den Präsidenten verständigt. Der britische Geheimdienst hat zur gleichen Zeit die Meldung bestätigt:

»Fünf Divisionen sind auf dem Schantung und Schani nach Schanghai heruntergekommen. Sie haben sich dort in 30, 40 oder 50 Transportern eingeschifft. Südlich von Formosa wurde der Konvoi gesichtet.«

»Das Ganze ist ausgesprochen böswillig. Hier verhandeln die Japaner über einen totalen Waffenstillstand und über einen totalen Abzug der Truppen und schicken gleichzeitig Verbände nach Indonesien.«

Der Präsident ist empört: »Die Nachricht kommt zur rechten Zeit. Heute wird die 10-Punkte-Note von Außenminister Hull an den japanischen Botschafter geschickt. Dann werden wir weitersehen. Und wie steht es mit der Verstärkung unserer pazifischen Streitkräfte?«

»Beträchtliche Verstärkungen der Armee und Marine sind in aller Eile nach den Philippinen geschickt worden, aber die wünschenswerte Stärke ist noch nicht erreicht. Landstreitkräfte mit einem Bestand von 21 000 Mann werden die Vereinigten Staaten am 8. Dezember verlassen. Außerdem verlassen Marine-Landetruppen Schanghai.«

Die 10-Punkte-Note bringt tatsächlich das Fass zum Überlaufen. Sie trägt den Vermerk: »Versuchsweise und ohne Verpflichtung« und ist betitelt: »Entwurf einer vorgeschlagenen Grundlage für ein Abkommen zwischen den Vereinigten Staaten und Japan.«

Kühl und kurz ist die Note abgefasst. Sie verzichtet auf alle höflichen Formulierungen. Es ist die extremste Fassung, die vom State Department angefertigt wurde und in der alle weiter reichenden Konzessionen fehlen. Die Forderungen sind allerdings unmissverständlich. Sie sehen einen vollständigen Rückzug der Japaner aus China und Indonesien vor und die Preisgabe des Nanking-Regimes.

Die einflussreichen Berater des Präsidenten sind selbst davon überzeugt, dass Japan niemals die Forderungen akzeptieren und dem Ultimatum entsprechen wird.

Der japanische Geheimdienst muss die Forderungen schon gekannt haben, denn bereits vierundzwanzig Stunden vor Überreichung der Note befindet sich die japanische Armada auf dem Weg nach Pearl Harbor.

▌ Die diplomatischen Beziehungen sind auf dem Gefrierpunkt

Kimmel nimmt sein Lineal von der Karte.

»Washington ist über Japan beunruhigt. Der Krieg steht vor der Tür. Die diplomatischen Beziehungen sind auf dem Gefrierpunkt angekommen. Praktisch kann es jeden Augenblick losgehen. Wir sind aufgefordert, wachsam zu sein.«

Short verzieht keine Miene.

»Wann ist die Meldung gekommen?«

»Am 27. November.« »Und der Inhalt?«

Kimmel kramt in seiner Jackentasche und zieht ein Stück Papier heraus. Er macht sich nicht die Mühe, es auseinander zu falten. Short greift nach seiner Brille und nimmt den zusammengefalteten Zettel entgegen. Kimmel geht im Zimmer auf und ab und sieht den zweitstärksten Mann auf Hawaii lauernd von der Seite an.

Short liest:

27. November 1941.

Von: Chef der Marinezentralen

An: CinCAF, CinCAF

INFO: Cinclant, Spenavo

272337

Diese Depesche soll als Kriegswarnung betrachtet werden. Verhandlungen mit Japan über eine Stabilisierung der Verhältnisse im Pazifik sind zu Ende, und ein japanischer Angriff wird innerhalb der nächsten Tage erwartet. Zahl und Ausrüstung der japanischen Truppen und die Organisation der Kampfverbände der Flotte lassen ein Amphibienunternehmen gegen die Philippinen, Thai oder die Halbinsel Kra, eventuell auch gegen Borneo vermuten. Arbeiten Sie ein Verteidigungsdispositiv aus als Vorbereitung auf die in WPL 46 vorgesehenen Aufgaben. Informieren Sie die zuständigen Stellen des Distrikts und der Armee. Eine gleiche Warnung wird vom War Department ausgesandt.

Spenavo informiert die Engländer. Festlanddistrikte Guam und Samoa sind angewiesen, Maßnahmen gegen Sabotage zu treffen.

»Was sagen Sie nun, Short? Die Hawaii-Inseln sind nicht einmal erwähnt. Alle Bewegungen konzentrieren sich auf das Südchinesische Meer und den Golf von Siam.«

Short scheint gelassen. »Noch kein U-Boot gesehen?«

»Seit einem halben Jahr nicht mehr.«

»Das stimmt mich bedenklich. Entweder ist unsere Aufklärung zu oberflächlich, oder der Feind arbeitet nach einem System, das wir nicht kennen.«

Kimmel hört einen versteckten Vorwurf heraus.

»Seit Ende November arbeiten unsere Sperrpatrouillen verschärft. Drei Schiffe der Küstenwache, ein Zerstörer und zwei Marinesucher säubern routinemäßig jeden Tag die Hafeneinfahrt.«

Short hält seine Stimme in Zaum.

»Und der Pazifik? Sind wir über den Aufenthalt der japanischen Flottenverbände genauestens orientiert?«

Kimmel schüttelt den Kopf.

»Von genau kann keine Rede sein. Dem ASW (Luftwarndienst) und dem Geheimdienst sind die Verbände immer wieder durch die Lappen gegangen.«

Short fragt mit zaghafter Stimme: »Darf ich die Signale der letzten Woche mal sehen?«

Kimmel nickt und geht zur Tür. Am Tisch im Nebenzimmer sitzt Vizeadmiral W. S. Pye vom Flaggschiff »California«.

»Pye, sorgen Sie dafür, dass ich die letzten Signale über den Aufenthalt der gegnerischen Flottenverbände bekomme«, sagt Kimmel und zieht die Tür hinter sich zu. General Short runzelt die Stirn und schüttelt seinen Kopf. »Ich kann mit dem besten Willen nicht begreifen, dass unsere Abwehr die feindlichen Flottenverbände nicht ausmachen kann. Wir hängen ja geradezu in der Luft. Plötzlich stehen sie dreihundert Meilen vor Hawaii, und die Hölle ist los.«

»Das hat einen ganz einleuchtenden Grund. Im Laufe des Jahres 1941 ist es mehrfach geschehen, dass wir den Standort von Trägern, Linienschiffen, Kreuzern und Schlachtschiffen mit Funknachrichtenverkehr nicht feststellen konnten. Wenn nämlich die Flottenverbände in die Heimatgewässer einlaufen oder in die Übungszonen einfahren, verwenden sie im Verkehr mit den Küstenstationen Kleinfunkgeräte. Die Signale werden dann normalerweise per Draht weitergeleitet, um unsere Peil- und Abhörstationen am Mithören ihres Verkehrs zu hindern. In solchen Zeiten haben wir diese Einzelheiten immer als ›in Heimatgewässern‹ aufgeführt.«

Short stößt nach:

»Mit anderen Worten, wir sind auf Vermutungen angewiesen.«

»Nicht so pessimistisch, Short, bisher haben sich diese Vermutungen seit Jahren bestätigt.«

»Bisher.«

Short kann einen ironischen Unterton nicht verhindern. »Und was geschieht, wenn starke Flottenverbände auslaufen und radikale Funkstille herrscht?«

Kimmel lässt sein Lineal auf die Lagekarten fallen.

»Der Mann vom Heer, der immer mit beiden Beinen auf der Mutter Erde steht, wagt sich wieder aufs Wasser. – Wofür halten Sie eigentlich unsere Fernaufklärung?«

»Es ist nur gut, dass die Fernaufklärung Sache der Marine ist, nicht wahr? Und ich hoffe zuversichtlich, dass einige hundert Meilen über 360 Grad unter Kontrolle stehen. Ich kann mir nämlich nichts Schöneres vorstellen als einen gefährlichen Tiger, der schlafend weithin sichtbar auf einer Anhöhe liegt. Man braucht nur abzudrücken und der Tiger schweigt. Kimmel, was helfen uns Superfestungen, Schlachtschiffe, Zerstörer und Jagdflugzeuge, wenn wir eines schönen Tages aufwachen und der Himmel regnet Bomben.«

Short hat die wundeste Stelle berührt. Er kennt die Achillesferse der Insel. Aber die letzte Verantwortung überlässt er getrost seinem Vorgesetzten. Washington hat es gewollt. Und als Soldat ist er gewohnt zu gehorchen. Es klopft. Kimmel bleibt die Antwort schuldig. Er zuckt nur kurz mit den Schultern. Er macht nicht den Eindruck, seiner Sache sicher zu sein.

»Die Meldungen der letzten Woche«, sagt der eintretende Offizier. Kimmel nimmt ihm die Akte wortlos aus der Hand. Der Offizier reißt die Hände an die Hosennaht und verschwindet geräuschlos.

Die Akten wandern über den Tisch zu Short. Der blättert und liest laut vor sich hin:

»23. April, 25. April, 3. Mai – interessiert mich nicht – 7. August, 2. September – große Pause. 21. Oktober, 24. Oktober – schon besser, 1. November: Wechsel der gegnerischen Rufzeichen. Aha. Wie oft wechseln im Allgemeinen die Codes und die Schlüssel?« Kimmel braucht nicht lange zu überlegen. »Etwa alle halbe Jahre.«

Die Botschaften oder Nachrichten, die aufgefangen und dechiffriert werden, nennt man allgemein »Signale«. Auf der letzten Seite der Akte sind sie in chronologischer Reihenfolge aufgeschrieben.

Short liest: »Während des Monats November: Beobachter melden Schiffsbewegungen in südlicher Richtung.

16. November: Die Vereinigten Staaten verlieren Träger aus den Augen.

24. November: Erste Marinedepesche über ›Überraschungsangriff in irgendeiner Richtung‹.

25. November: Geortet wird Trägerdivision in den Marshallinseln; diese Meldung wird später bestritten.

27. November: Kriegswarnung der Marine.

28. November: Marine übermittelt Kriegswarnung der Armee.«

Short lächelt.

»Ich sitze auf 'nem falschen Dampfer, Kimmel, erst kommt immer die Marine, dann das Heer.« »Die Marine ist ja auch schneller«, kontert Kimmel. Das Einzige, was der andere sich abringen kann, ist ein gequältes »Hoffentlich!«.

Short liest weiter:

»30. November: Erneute Feststellung einer Trägerdivision in den Marshallinseln.

1. Dezember: Wechsel der japanischen Rufzeichen, verbunden mit anderen Hinweisen auf Funkstille. Nach dem Wechsel vom 1. Dezember als äußerst ungewöhnlich und als Anzeichen von Kriegsvorbereitungen gewertet.«

Der Admiral knüpft seine Jacke zu. Er hält die Besprechung offensichtlich für abgeschlossen. Short schiebt ihm die Geheimakten über den Tisch und faltet den Zettel wieder zusammen.

»Die Japaner wittern Morgenluft. Die Erfolge der Faschisten in Europa machen ihnen Mut, und Hitler kann gut eine Entlastung vertragen. Ich rechne jeden Tag damit, dass es losgeht.«

Short erhebt sich und schiebt den Stuhl unter den Lagetisch.

»Es fragt sich nur wo?«

»Die Japaner werden den ersten Schlag riskieren. Washington wird auf keinen Fall eine Kriegserklärung ohne Grund abgeben. Ich vermute, irgendwo im Südpazifik wird ein Überfall geplant. Der Hauptstoß der Japaner könnte sich sogar gegen Malaya richten, gegen die Briten. Die Flottenkonzentration deutet darauf hin.« »Und trotzdem, wir werden erhöhte Alarmbereitschaft auf unseren Inseln anordnen.«

»Und ich werde die Fernaufklärung intensivieren. Die Zahl der Flugzeuge wird erhöht, der Radius vergrößert.« Kimmel gibt dem General die Hand. Er ist zuversichtlich. Mit pathetischer Stimme verabschiedet er sich.

»Wenn der Jäger sich heranpirscht, wird der Tiger ihn schon wittern. Er hat eine gute Nase, und seine Augen sind überall.«

Short macht sich an seiner Uniformjacke zu schaffen. Er weiß darauf nichts zu sagen.

▌ Der Geheimplan wird verkündigt

Die Tage des Wartens sind schrecklich. Unglaubliche Parolen kreisen von Schiff zu Schiff. Das ändert sich am 22. November. Vizeadmiral Nagumo verkündet den streng geheim gehaltenen Plan:

»Pearl Harbor wird angegriffen.«

Im Zimmer des Stabsoffiziers ist ein maßgerechtes Modell von Pearl Harbor aufgebaut worden. Die letzten technischen Einzelheiten werden preisgegeben. Einige Männer schütteln ihre Köpfe, andere sehen sich vielsagend an. Es gibt kein Zurück mehr. Von den Schiffen kann kein Mensch herunter. Die kleinste Tollpatschigkeit kann verheerende Folgen haben.

Die Offiziere gehen an ihre Arbeit, prägen sich Schiffe, Ziele und Ortsverhältnisse ein. Vizeadmiral Nagumo sitzt in seiner Kajüte und versucht sich zu beruhigen. Die Stille und Ungewissheit machen ihn rasend.

Endlich, am 25. November, trifft die lang ersehnte Funkmeldung vom Oberbefehlshaber der Marine, Yamamoto, ein. Er befiehlt, einen Tag später nach Hawaii auszulaufen.

Der Tag des Angriffs steht noch nicht fest. Sollte Amerika mit Japan zu Verhandlungen mit weitreichenden Folgen kommen, muss die Flotte unverzüglich umkehren.

In der Morgendämmerung des 26. November setzt sich der Konvoi in Marsch. Nebel streicht über die Bucht der Tan kan Bay. Schnell geht die Fahrt nicht vonstatten. Der langsamste Tanker läuft etwa 12 Knoten. Absolute Funkstille ist über alle Schiffe verhängt worden. Tagsüber verständigt man sich durch Flaggensignale. Nachts benutzt man Blinker.

Admiral Nagumo läuft wie ein gefangenes Tier in seiner Kajüte auf und ab. Noch nie in seinem Leben hat ihn die Verantwortung so bedrückt. Hinzu kommt, dass er von dem bevorstehenden Plan nicht überzeugt ist. Das Risiko ist zu groß, die Entfernung zu weit und die Flotte hoffnungslos vom sicheren Hafen abgeschnitten. Wenn der Plan verraten ist, gibt es eine schreckliche Katastrophe. Die Soldaten sind guter Dinge. Sie haben einen sonnigen Optimismus und die Götter auf ihrer Seite. Noch wissen sie von nichts. Eingeweiht ist ein kleiner Kreis von Offizieren, der zu absolutem Stillschweigen verpflichtet ist

Die Piloten sitzen seelenruhig an der Theke und trinken ihren Sake und spielen Shogi.

▌ Ersteigt den Niitaka!

Am 2. Dezember trifft das Telegramm Yamamotos ein.

»Der Augenblick ist gekommen. Das Kaiserreich steht oder fällt. Ersteigt den Niitaka!«

Der Niitaka ist einer der höchsten Berge Formosas. Die chiffrierte Meldung ist sofort entschlüsselt. Die Würfel sind gefallen, der Krieg rückt in greifbare Nähe.

Nagumo lässt Offiziere und Mannschaften antreten und verkündet den Krieg gegen Amerika und den Angriffstag ohne Kriegserklärung auf den 7. Dezember.

Zur gleichen Zeit laufen in Washington Verhandlungen zwischen Japan und Amerika. Mit diplomatischem Geschick versuchen die Männer Tokios, die Tür für friedliche Lösungen offen zu halten. Sie reden mit doppelten Zungen. Sie wissen um die Aussichtslosigkeit und versuchen, ein freundschaftliches Gespräch über die Klippe des 7. Dezembers hinweg zu führen.

Im Südpazifik hat Japan größere Flottenverbände zusammengezogen und operiert vor den Augen der Amerikaner, als könnten hier strategische Vorbereitungen getroffen werden. Rundfunk und Presse in Amerika geißeln mit harten Worten die Zwiespältigkeit japanischer Friedenspolitik und schauen wie hypnotisiert in die falsche Richtung.

Inzwischen stampft ein bis an den Rand bewaffneter Geleitzug im Norden auf die Höhle des Tigers los. Es ist wie ein Wunder, bisher ist kein amerikanisches Flugzeug am Himmel aufgetaucht. Auch die gefürchteten U-Boote halten sich versteckt. Ohne bemerkt zu werden, hat sich der Großverband an den Midwayinseln vorbeigeschlichen.

Inzwischen senkt sich die Nacht herab. Am Morgen in aller Frühe sollen die Kampfflugzeuge sich in der Luft sammeln. Die meisten Offiziere schlafen in der Nacht unruhig. Viele schreiben an ihre Angehörigen. Kleine Lichter brennen hinter verhangenen Kabinenfenstern. Tagebücher werden vollgeschrieben, Testamente gemacht und die Götter angerufen. Die Götter können zufrieden sein, Reis und Wein werden ihnen in Hülle und Fülle dargebracht.

Mitsuo Fuchida schläft seit Mitternacht nicht mehr. Er wälzt sich von einer Seite auf die andere. Hin und wieder knipst er das Licht an, holt sein Notizbuch hervor und rekapituliert die einzelnen Angriffszeiten. Von ihm hängt jetzt der eigentliche Schlag ab. Die anderen haben ihr Möglichstes getan. Nun muss die Luftwaffe den entscheidenden Rest besorgen. Und Fuchida muss beweisen, ob die Übungen in Japan von Erfolg gekrönt werden.

▌ Die Geheimdienste arbeiten Tag und Nacht

3. Dezember

Die Aktivität der Geheimdienste registriert wie ein Seismograph die politische Lage. Vermehrte Nachrichten, auch zu ungewöhnlichen Zeiten, sind ein untrügliches Zeichen für politische Sturmwarnung.

Die Geheimdienste werden zu erhöter Aufmerksamkeit aufgefordert. Das Abhörpersonal wird verstärkt. Schon am 19. November hat Washington alle Nachrichtenzentralen angewiesen, im 24-Stunden-Betrieb alle gegnerischen Kurzwellensendungen abzuhören.

Da es sich selbstverständlich nur um verschlüsselte Nachrichten handelt, die mit einer komplizierten Dechiffriermaschine entschlüsselt werden müssen, kommen die Ergebnisse erst Tage später im Klartext heraus. Nachrichten werden immer in verschlüsselter Form den Nachrichtenzentralen übermittelt, die mit Hilfe ihrer Codes wiederum entschlüsseln müssen. So sind acht Tage vom Auffangen bis zur Auswertung eine kurze Zeit.

Die Dechiffriermaschinen arbeiten Tag und Nacht. Auf gut Glück werden die aufgefangenen Signale zur Entzifferung ausgewählt. Kein Spezialagent ist in der Lage, Wichtiges von Unwichtigem zu unterscheiden. Ob lange oder kurze Botschaften, niemand weiß, um welche Zeit und auf welcher Welle revolutionierende Meldungen gesendet werden.

Anfang Dezember gelingt dem Geheimdienst eine wichtige Dechiffrierung. Die Meldungen sind am 28. November abgefangen worden. Die Botschaften liefen über den Singapore-Tokio-Stromkreis, der besonders scharf überwacht wird. Aus Niederländisch-Ostindien und Java werden ähnliche Nachrichten entschlüsselt.

Die regen diplomatischen Verhandlungen in Washington mit Japan erwecken den Eindruck, dass ein Krieg vermieden werden kann. Der Geheimdienst ist anderer Meinung, nachdem die folgende Nachricht im Klartext vorliegt:

»Rundschreiben 2353.

Betreffend die Verbreitung einer Sondermeldung im Ernstfall. Im Falle einer Zuspitzung der Lage (Gefahr des Abbruchs unserer diplomatischen Beziehungen) und der Unterbrechung internationaler Beziehungen wird mitten in der täglichen japanischen Kurzwellen-Nachrichten-Sendung folgende Warnung durchgegeben:

1. Wenn die Beziehungen Japan-USA gefährdet sind: Higashi no kazeame (Ostwind Regen).

2. Wenn die Beziehungen zwischen Japan und der UdSSR gefährdet sind: Kifanokaze kumon (Nordwind bewölkt).

3. Wenn die japanisch-britischen Beziehungen gefährdet sind: Nishi no kaze hare (Westwind hell).

Dieses Signal wird immer in der Mitte und am Schluss als Wettervorhersage durchgegeben, und jeder Satz wird zweimal wiederholt werden. Wenn Sie das hören, zerstören Sie bitte alle Codes, Papiere usw. Die Anordnung muss vorläufig streng geheim bleiben.«

Admiral Kimmel hat eine routinemäßige Besprechung anberaumt. Ein Offizier seines Stabes gibt Instruktionen über die Lage. Es handelt sich um ausgewertete und von den Spitzenfachleuten des Pentagon genehmigte Texte. »Die amerikanisch-japanischen Beziehungen haben sich weiterhin verschlechtert. Das japanische Kabinett Konoye ist zurückgetreten, weil der Prinz eine zu gemäßigte Haltung gegenüber Amerika eingenommen hat. Die neue Regierung wird auf jeden Fall erheblich antiamerikanischer eingestellt sein. Nach Washingtoner Informationen wird Japan vermutlich Russland angreifen. Der japanische Hafen Kyoto ist für alle Ausländer geschlossen worden. Hier finden vermutlich große Einschiffungen statt. Folgende japanische Vorstöße werden angenommen, wobei die Reihenfolge eine geringer werdende Wahrscheinlichkeit zeigt:

1. Angriff auf Russland von Osten her.
2. Druck auf Französisch-Indochina und Thailand, um sie zur Abtretung von Militär-, Marine- und Luftwaffenstützpunkten und zur Garantierung wirtschaftlicher Zusammenarbeit zu veranlassen.
3. Angriff auf britische Besitzungen im Fernen Osten.
4. Verteidigung gegen einen amerikanischen Angriff zur Unterstützung Englands.
5. Gleichzeitige Angriffe gegen den ABCD-Block an den Punkten, von denen man sich die größten taktischen, strategischen und wirtschaftlichen Vorteile verspricht.«

Bevor der Lagebericht zur Diskussion gestellt wird, platzt eine wichtige Meldung in die erlauchte Versammlung.

Der vortragende Offizier hatte gerade seine Notizzettel zusammengefaltet.

Kimmel nimmt selbst den Hörer ab. Er hat ausdrücklich Befehl gegeben, nur in äußersten Notfällen die Stabsbesprechung zu stören. Die Meldung kommt über ein eigenes Telefonnetz im Sperrbezirk. Er zückt nervös einen Bleistift und will die wichtigsten Passagen notieren. Einen Augenblick später erscheint ihm der Vorgang zu umständlich.

»Ach, Unsinn. Lesen Sie die Nachricht vor, ich wiederhole satzweise.«

Die Männer im Büro stellen ihre Gespräche ein. Kimmel hebt seinen Finger und schaut in die Runde, deckt kurz die Sprechmuskel zu und sagt:

»Jetzt ist es so weit.«

Männer von Marine, Heer und Luftwaffe hängen interessiert an Kimmels Lippen. Nur Short lehnt sich mit einem Seufzer zurück und lässt die Dinge auf sich zukommen. Er weiß aus Erfahrung, dass der Marinenachrichtendienst zwar geschäftiger arbeitet, aber im Verhältnis zur Armee ungleich pessimistischer urteilt. Ihn beunruhigt keineswegs die gefurchte Stirn des Oberkommandierenden. Die Sonne über Hawaii strahlt, und die aufgehende Sonne auf der japanischen Flagge ist weit.

Admiral Kimmel wiederholt:

»3. Dezember 1941

Von: Opnav

An: Cincaf, Cinpac, Com 14, Com 16

INFO:

Ø 3185 Ø

Nach höchst zuverlässigen Informationen erhielten die japanischen diplomatischen Stellen und Konsuln in Hongkong, Singapore, Batavia, Manila, Washington und London gestern den dringenden und kategorischen Befehl, die meisten ihrer Codes und Schlüssel sofort zu vernichten und alle anderen wichtigen vertraulichen und geheimen Dokumente zu verbrennen.«

Er legt den Hörer auf.

»Das war's, meine Herren!«

Nicht alle sind sich über die Tragweite der Nachricht im Klaren. Layton, der Chef des gesamten Nachrichtenwesens, der Abwehr und Gegenspionage auf Hawaii, steckt erregt seine Zigarette wieder in die Schachtel. Hier wird sein ureigenstes Gebiet angesprochen. Hier kennt er sich aus. Kimmel schaut ihn erwartungsvoll an:

»Der Krieg ist so gut wie sicher. Solche Nachrichten sind erfahrungsgemäß das Ende der Diplomatie.«

Short kommt aus der Reserve.

»Mit anderen Worten, das Ende der Diplomatie bedeutet für Sie Krieg, Japan wird den ersten Schuss riskieren?« Layton, der Mann von der Marine, kann es sich nicht verkneifen, dem ahnungslosen Infanteristen seine Meinung zu sagen.

Nur gut, dass das Heer nicht die Verantwortung für den Nachrichtendienst trägt.

»Schuss ist gut, General Short, verlassen Sie sich drauf, mit 'ner geballten Ladung werden die Japsen in den Krieg eintreten!«

Der Armeegeneral zieht es vor, sich in Schweigen zu hüllen. Er denkt nicht daran, die legendäre Überlegenheit der Marine auch nur mit einem Satz in Frage zu stellen. Kimmel erhebt sich:

»Die Konsequenzen liegen auf der Hand. Sofort werden die Erkundungsflüge für Heer, Marine und Luftwaffe verdoppelt, der Aktionsradius wird beibehalten. Die Hafengewässer müssen noch gründlicher abgesucht, die Hoheitsgewässer mit allen zur Verfügung stehenden Zerstörern, Geleitbooten und Nahaufklärern beobachtet werden. Und das Nachrichtenwesen, Layton?«

Der Angesprochene hat sich auf einem Zettel Notizen gemacht.

»Wir müssen damit rechnen, dass Washington jeden Tag die Vernichtung des gesamten kryptografischen Materials anordnet. Ich vermute, dass in Tokio, Hongkong, Singapore, Manila und Guam die vertraulichen Dokumente längst vernichtet sind. Nur die Nachrichtenkanäle für Sondermeldungen bleiben bis zum letzten Augenblick offen. Eine Hauptnachrichtenleitung bleibt offen und wird verbessert. Die Koordination zwischen Heer, Luftwaffe und Marine muss sofort perfektioniert werden. Die Überwachung der japanischen Konsulatsangehörigen wird unauffällig verschärft.«

Short nickt.

»Unauffällig, das bitte ich mir aus. Noch ist Hawaii ein Paradies. Wir können uns hier keinen Hexenkessel leisten!«

»Noch«, sagt Layton und spricht ein kleines Wort gelassen aus. Er hat es nicht als Wissender gesprochen und ist auch nicht von bösen Ahnungen erfüllt.

Kimmel ist beunruhigt. Aufgeregt läuft er im Zimmer auf und ab. Er hat tagelang von seinem Nachrichtenoffizier Fregattenkapitän Layton keine Informationen erhalten. Dieser Marineoffizier, Leiter des gesamten Nachrichtenwesens einschließlich der Gegensabotage und Spionage, steht selbst vor einem Rätsel.

Man schreibt den 4. Dezember.

Kimmel hat Layton zu sich bestellt. »Wo bleiben die Informationen?«

Kimmel ist gereizt.

»Mann, wir sind von der Welt abgeschnitten! Wo haben Sie die gegnerischen Trägerverbände gelassen?«

»Ich weiß es nicht, Sir. Es ist 'ne Katastrophe. Seit dem 1. Dezember schweigt der Äther – jedenfalls soweit es die Trägerverbände angeht.«

Kimmel tritt einige Schritte näher. Er flüstert, aber Layton spürt, wie ihm die Vorwürfe um die Ohren fliegen.

»Was, Sie wissen nicht, wo die Träger sind?«

»Soll das heißen, dass sie den Diamond Head umfahren können, und Sie wüssten nichts davon?«

»Ganz so schlimm ist es nicht, Sir.« »Und wie erklären Sie sich das?«

»Seit vorgestern haben die Japaner wieder die Rufzeichen geändert. Ehe wir dann unsere Codes entschlüsselt haben ... «

» ... stehen sie 200 Meilen vor Hawaii, und dabei bleiben Sie ganz ruhig, Layton?«

»Sir, ich bin im höchsten Grade beunruhigt. Die letzten Tage kamen ca. 20 000 Rufzeichen. Wir können nicht den 100sten Teil entschlüsseln, und wenn uns die Fachleute der ganzen Welt zur Verfügung ständen!«

»Layton, das ist eine Kapitulation ohne Kriegserklärung. Welches Datum trägt die letzte Lagemeldung?«

»30. November!« »Und?«

»Mindestens eine Trägerdivision mit den Schiffen

›Akagi‹, ›Kogo‹, ›Hirju‹ und ›Sorju‹ wurden bei den Marshallinseln gesichtet. Außerdem eine nicht genau bekannte U-Boot-Konzentration im selben Gebiet.«

»Das ist schon etwas. Vier Tage ist eine lange Zeit.«

»Und in diesen vier Tagen haben wir nicht eine einzige Meldung von den Trägerverbänden oder an die Träger aufgefangen. Es herrscht absolute Funkstille.«

Kimmel schnalzt mit der Zunge.

»Erfahrungsgemäß schließt das zwei, mindestens zwei Möglichkeiten ein.«

Layton: »Mindestens!«

»Nach einer von Washington bestätigten Nachricht eines anderen Geheimdienstes sollen sich die Träger der 1. und 2. Japanischen Flotte in den Heimatgewässern der Kure-Sasebo-Zone befinden.«

»Und die andere Möglichkeit?«

»Die Verbände steuern irgendein Ziel an und planen einen Überraschungsangriff. Die japanische Marine hat Funkstille über die Flotteneinheiten verhängt, und wir sind auf Luftaufklärung angewiesen. Bei unseren Gegebenheiten wäre die Entdeckung allenfalls reiner Zufall.«

Admiral Kimmel will losbrüllen, aber er beherrscht sich. »Zufall, Zufall! Sie sprechen ein Wort aus, das gibt es in der gesamten Militärstrategie nicht. Es darf es nicht geben. Es darf es auf keinen Fall geben!«

»Sie haben Recht, Sir, es sollte es nicht geben.«

»Und verstehen Sie mich, Layton, es gibt es nicht!«

»Sie haben sich über beide Möglichkeiten Gedanken gemacht. Welche kommt Ihrer Meinung nach zunächst in Betracht?«

Der Nachrichtenoffizier zuckt mit den Schultern.

»Schwer zu sagen. Erfahrungsgemäß liegen die Einheiten bei Funkstille immer in Heimatgewässern, aber das heißt gar nichts. Behaupten würde ich, sie befinden sich auf See, wenn auch nur eine einzige Funkmeldung vom

Generalstab der Marine an die Kommandanten der Träger-verbände gerichtet würde.«

»Wenn ... und Sie sind sicher, dass keine Meldung gekommen ist?«

Layton überlegt einen Augenblick.

»Absolut sicher sind wir nie. Aber auch die anderen pazifischen Geheimdienste haben kein Rufzeichen aufge-fangen.«

Der Admiral kraust die Stirn, gedankenverloren schaut er aus dem Fenster. Er ist kein Pessimist, aber das Gespräch hat ihn noch unruhiger gemacht. Beide schweig-gen. Man hört nur das metallene Ticken der Uhr über dem Plantisch.

Der Oberkommandierende ist mit seinen Gedanken woanders. Die Besprechung hat sich unmerklich aufge-löst. Der Nachrichtenoffizier hüstelt.

Kimmel hat verstanden.

»Danke, Sie können gehen«, sagt er.

Layton geht und lässt einen verstörten Mann zurück. In der Tür dreht er sich noch einmal um und grüßt. Kimmel lässt sich auf einen Stuhl fallen, und mehr zu sich selbst als zu seinem Gesprächspartner gewandt sagt er:

»Ich hab den Eindruck, der ganze Fujiyama liegt mir auf der Seele!«

Der Überfall

7

5. Dezember

Der lokale FBI, der das Telefonnetz überwacht, hört um die Mittagszeit, als die meisten Menschen nur an gebratene Hähnchen, Steaks, Krebssuppe und andere Gaumenspezialitäten denken, ein transozeanisches Telefongespräch eines japanischen Zahnarztes in Honolulu und einer Person in einer Zeitungsredaktion in Tokio ab. Das Gespräch enthält allerlei über Flugbedingungen, amerikanische Beziehungen in Hawaii und verdächtige Passagen über die verschiedensten Blumensorten, die zu der Zeit blühen und den Abwehroffizier stutzig machen. Er lässt sofort die Nachricht vervielfältigen, wird aber durch sein verspätetes Mittagessen und durch einige hawaiianische Blütenschnäpse an der Verteilung gehindert. Am Abend schießt ihm die Botschaft wieder durch den Kopf, er fährt ins Büro zurück, holt die Aktennotiz und saust zu General Short, der sich gerade für eine Bridgetour bei Freunden vorbereitet. Der Mann vom FBI kommt im unpassendsten Augenblick.

»Herr General, ich bin verpflichtet, Ihnen diese Nachricht zu übermitteln.«

Short macht ein undefinierbares Gesicht, nimmt das Blatt Papier und überfliegt die wenigen Zeilen. Short schnalzt mit der Zunge: »Stimmt, was der Mann da gesagt hat.« Er lächelt den FBI-Beamten von unten herauf an.

»Leider spricht der Kerl durch die Blume!« »Durch viele, Herr General!«

»Und Sie haben vergessen, mir den süßen Duft der Blumen zu erklären.«

»Ich würde es ja tun, aber ich kann es nicht.«

»Ihr Leute vom FBI hört überall das Gras wachsen. Aber von Blumen versteht ihr nichts. Hawaii ist keine nordamerikanische Rinderweide, sondern ein Blumenparadies. Wenn Sie dies raus haben, kommen Sie wieder.«

Hastig schaut er zur Uhr. Zupft rechts und links am Jackett und lässt den Geheimdienstmann stehen, dem eine Reihe hawaiianischer Blumensorten im Kopf herumspuken.

▌ Alles Geheimmaterial muss zerstört werden

Kimmel hat alle Einladungen abgesagt. Er gehört zu den ängstlichen Naturen. Insgeheim beneidet er Short um sein Phlegma. Auch das obligatorische Golfturnier hat er schweren Herzens fahren lassen.

Short ist unbekümmerter. Das Paradies hat ihn angesteckt. Das Bridgeturnier ist ihm offensichtlich gut bekommen, und die Politik hat nur am Rande dabei eine Rolle gespielt. Zu Hause schlürft er gemütlich seinen Bohnenkaffee und isst ein Stück seines geliebten kalifornischen Käsekuchens. Seine Frau genießt klassische Musik und freut sich über den gesunden Appetit ihres Mannes. Er hat sich wunderbar erholt, hat einige Pfund zugenommen und seine strapazierten Nerven an der pazifischen Sonne gestählt.

10 Minuten später allerdings sind seine paradiesischen Träume verflogen. Kimmel hat sie persönlich mit einem Wort fortgewischt.

Seit der Besprechung am 3. Dezember hat Short ein eigenes Armeetelefon und muss überall sofort erreichbar sein. Die Koordination, von der Layton sprach, ist zwar befohlen, aber nur schwer zu verwirklichen. Hawaii ist schließlich kein Dorf und die Armee keine Rennmaschine.

Seine Frau schaut ihn erschrocken an.

»Wer hat angerufen?«

»Unser gemeinsamer Freund.« »Und?«

»Bumerang – !«

»Ich verstehe kein Wort.«

»Alles Geheimmaterial ist sofort zu zerstören.«

»Washington erwartet den Rückruf, dass der Befehl befolgt ist.«

»Also gibt es doch Krieg. Du hast fortwährend daran gezweifelt.«

»Ich gebe zu, mein Herz, dass die Marine diesmal die bessere Nase gehabt hat. Es fragt sich nur, ob sie die Nase in die entsprechende Richtung gehalten hat!«

▌ Generalkonsul Kita meldet die neuesten Schiffsbewegungen

Am 2. Dezember hat Generalkonsul Kita die Codemeldung »Havanna« abgeschickt. Tokio hat verstanden. Alle größeren Codices sind auf der Insel zerstört worden. Nur noch ein einfacher, schnell geänderter Code wird weiterhin benutzt.

Die Codemeldung »Havanna« ist von den amerikanischen Geheimschriftexperten nicht entziffert worden. Die letzten Meldungen Kitas ruhen in einer Washingtoner Akte und sind aus zeitlichen Gründen nicht mehr dechiffrierbar. Hätte man sie entziffert und weitergeleitet, wahrscheinlich wäre Pearl Harbor vor dem Ärgsten bewahrt geblieben. Im Auftrag des Kriegsministeriums hat Kita jeden Tag eine genaue Standortbestimmung der Schiffe gegeben.

5. Dezember: Honolulu an Tokio

1. Im Laufe des Freitagmorgen sind die drei in meiner Botschaft erwähnten Schlachtschiffe hier eingelaufen. Sie waren acht Tage lang auf See.

2. Die »Lexington« und 5 schwere Kreuzer verließen den Hafen am gleichen Tag.
3. Die folgenden Schiffe befinden sich am Nachmittag des 5. im Hafen:
   8 Schlachtschiffe, 3 leichte Kreuzer, 16 Zerstörer, 4 Schiffe der Honolulu-Klasse liegen im Dock.

6. Dezember: Honolulu an Tokio
1. Am Abend des 5. befinden sich unter den Schlachtschiffen, die in den Hafen einfuhren, die »Utah« und ein U-Boot-Begleitschiff.
   Die folgenden lagen am 6. vor Anker:
   9 Schlachtschiffe, 3 leichte Kreuzer, 3 U-Boot-Begleitschiffe, 17 Zerstörer, außerdem lagen vier leichte Kreuzer und 2 Zerstörer im Dock. Die schweren Kreuzer und Flugzeugträger haben alle Honolulu verlassen.
2. Es scheint, dass durch die Luftwaffe der Flotte keine Luftaufklärung durchgeführt wird.
   Tokio hat die Nachrichten entschlüsselt und mit Hilfe eines neuen Code an die japanischen Trägerverbände gefunkt.

▌ Die letzten Besprechungen

6. Dezember.

An Bord der »Akagi« ruft Vizeadmiral Nagumo, der den Kampfverband befehligt, einige Offiziere zu einer letzten Besprechung zusammen. Anwesend: sein Stabschef Osaka, Einsatzoffizier Genda, Nachrichtenoffizier Ono und Fuchida. Nagumo macht einen bedrückten Eindruck. Er hat die Nacht schlecht geschlafen und hält sich mit starkem Tee aufrecht. Der Kontakt mit seinen engsten Offizieren ist ihm wichtig. Er muss einen Befehl ausführen, hinter dem er nicht mit ganzem Herzen steht. Aber ein Zurück ist praktisch unmöglich. Seine Augenlider zucken, er ist übermüdet. Aber er gibt sich Mühe, einen freundschaftlichen Ton mit seinen Offizieren anzuschlagen:

»Sugu-ni dekiru-no-wa nan des ka?« (Was darf ich lhnen sofort servieren?)

Er bemüht sich, seinem übernächtigten Gesicht einen freundlichen Zug zu geben.

»O – cha-o ippai kudasai.« (Bitte eine Tasse grünen Tee!)

»Kohi-o ippai kudasai.« (Bitte eine Tasse Kaffee!)

»Tsumetai nomimono – O kudasai.« (Ich möchte etwas Erfrischendes trinken.)

»O-kawan – O kudasai.« (Bitte noch einmal dasselbe!)

Sie sitzen um einen runden schweren Tisch. Jeder hat sein Getränk vor sich.

»Zur Sache, meine Herren. Ono, Sie haben die letzten Meldungen verglichen. Wie sieht's in Pearl Harbor aus?« Ono zückt seinen Block und sucht die eingegangenen Nachrichten heraus.

»Die Informationen aus Honolulu über Aus- und Einlaufen der Schiffe haben sich nicht wesentlich verändert. Nichts deutet auf erhöhte Vorsichtsmaßnahmen hin. Zur Zeit befindet sich im Hafengebiet ein Kampfverband von 86 Schiffen, darunter 9 Schlachtschiffe, 3 schwere Kreuzer, 6 leichte Kreuzer, 29 Zerstörer, 5 U-Boote, aber keine Flugzeugträger.«

Nagumo presst die Lippen aufeinander. Mit beiden Händen umklammert er sein Teeglas.

»Yoi goryokoo o!« (Angenehme Reise!)

Er sagt es sarkastisch und blickt in die Runde.

»Keine Träger, die Geschichte schmeckt mir nicht. In welcher Entfernung von den Inseln befinden sich die Schiffe?«

»Die ›Enterprise‹ hat den Hafen am 29. November in Begleitung von zwei Schlachtschiffen, zwei schweren

Kreuzern und 12 Zerstörern verlassen. Die Schlacht-schiffe sind gestern zurückgekehrt. Die ›Lexington‹ hat gestern den Hafen mit drei schweren Kreuzern und fünf Zerstörern verlassen. Die ›Saratoga‹ wird in San Diego repariert und die ›Wasp‹ befindet sich irgendwo im Atlan-tik. Nur ›Yorktown‹ und ›Hornet‹, die zur Pazifikflotte gehören, kreuzen irgendwo in den Gewässern.«

Stabschef Kusaka beugt sich vor:

»Irgendwo, soll das heißen, dass wir nicht wissen, wo sie sich befinden?«

Ono schüttelt resigniert den Kopf. Die Männer haben den schwächsten Punkt entdeckt

»In der Tat, wir wissen es nicht. Hier hat unser Nach-richtendienst ein Loch.«

Der Oberbefehlshaber nimmt seinen Nachrichtenoffi-zier in Schutz. Gleichzeitig will er aber die Reaktionen der Übrigen herauslocken.

»Auf offener See verlieren wir den Kontakt. Unsere U-Boote haben schärfste Anweisung, nur getaucht zu fahren. Andere Fahrzeuge sind nicht unterwegs. Und Flugzeuge sind zu gefährlich. Genda, Sie sind Einsatzoffizier, halten Sie das Unternehmen für gefährdet?«

Minoru Genda schaut seinen Chef an. Er muss seine Worte sorgfältig wählen. Jede skeptische Äußerung ver-stärkt den Pessimismus des Alten. Er ist kein Feigling, nie-mals hätte der Kriegsminister ihn für das Gesamtunterneh-men verantwortlich gemacht. Aber waghalsige Vorstöße und lebensgefährliche Risiken sind ihm verhasst. Genda spricht ruhig und sachlich. Mit Pathos ist bei Nagumo nichts zu machen. Er will Tatsachen und keine Hypothe-sen, überzeugende Argumente und keine hohlen Phrasen. Er ist Patriot, aber einer von der kühlen Sorte, den keine Propagandaaufwallungen um seinen Verstand bringen.

»Ein unbekannter Gegner ist ein doppelt gefährlicher Gegner – zweifellos –, aber glauben Sie, die Amerikaner würden 9 Schlachtschiffe uns vor die Rohre legen, wenn das Vorhaben bekannt wäre?«

Ono stößt nach. Er gehört auch zu den Zuversichtlichen. »Alle schweren Schiffe sind ohne Torpedonetze. Der Hafen wird nur routinemäßig durchkämmt. Sperrballons sind bis heute nicht eingetroffen, obwohl seit Oktober auf dem amerikanischen Kontinent in Camp Davis Sperrballontruppen geschult werden. Aus Honolulu wissen wir, dass nicht einmal die Haltevorrichtungen angebracht sind. Auch die Luftaufklärung ist weder in den letzten Tagen verbessert noch umgestellt worden. Die Funkpeilung kann nur alle Erkundungsflugzeuge, die sich in der Luft befinden, aufzeichnen.«

Nagumo lässt nicht locker.

»Und wenn wir den amerikanischen Trägern in die Arme laufen?«

Fuchida hebt seinen Kopf und lächelt. Er denkt an die harte Ausbildung seiner Piloten zurück.

»Ich bezweifle, dass die amerikanischen Piloten so geschult sind wie die unsrigen. Zum anderen ist unser Kampfverband auf jeden Fall stärker, wenn auch bestimmte Waffen der Amerikaner besser sein mögen. Und das wissen wir doch genau, dass eine große Trägerflotte sich nicht in unmittelbarer Nähe befindet, oder?« Ono nickt. Der Bau von Flugzeugträgern lässt sich nicht geheim halten. Japan hat jeden Stapellauf registriert. »Uns sind nur drei Träger bekannt.«

Kusaka unterbricht. »Wie groß ist die Wahrscheinlichkeit?«

Der Nachrichtenoffizier zögert keinen Augenblick mit der Antwort. Er weiß, dass er nicht übertreibt. »Mindestens 90 Prozent. Wir kennen den ungefähren Standort sämtlicher amerikanischer Träger. Die Informationen werden alle 14 Tage ausgetauscht. Und bisher sind unserer Abwehr keine durch die Lappen gegangen.« »Wobei allerdings hinzugefügt werden muss«, sagt Ono, »dass die Amerikaner einen Angriff im Rahmen eines Amphibienunternehmens gegen die Philippinen, Thai, die Halbinsel Kra oder gegen Borneo vermuten.«

An dieser Stelle hakt Fregattenkapitän Genda ein. Die Bemerkung Onos scheint ihm wichtig. Außerdem will er zu konkreten Verhandlungsergebnissen kommen.

»Der letzte Hinweis entspricht unseren Beobachtungen. Das Gros der Flotte liegt im Hafen. Nicht die geringsten Anzeichen sprechen für erhöhte Alarmbereitschaft. Der Stützpunkt fühlt sich sicher wie ein Tiger in seiner Höhle. Wir sollten sofort losschlagen!«

Auch Fuchida hält Verzögerungen im Augenblick für gefährlich. Stündlich kann der Konvoi amerikanischen Fernaufklärern ins Blickfeld laufen.

»Ich stimme Ihnen zu. Morgen beginnt das Wochenende. Erfahrungsgemäß finden keine Schiffsbewegungen statt. Die Schlachtschiffe werden nicht auslaufen. Vielleicht kommt noch ein Träger zurück. Und vor allen Dingen ist die Verteidigungsbereitschaft eingeschränkt.«

Nagumo scheint überzeugt zu sein. Keinem der Männer ist das zaghafte Kopfnicken des Vizeadmirals entgangen. »Bleibt noch die Hafenaufklärung zwei bis drei Stunden vor dem Angriff. Wir müssen absolut sicher gehen. Bei Vollalarm auf der Insel wird der Angriff sofort abgeblasen. Das Risiko kann kein Mensch tragen.«

Der Nachrichtenoffizier hat für den Ernstfall schon disponiert. Auf einer Karte zeichnet er den Standpunkt der U-Boote ein.

»Unsere U-Boote befinden sich in mittlerer Nähe der Hafengewässer, außer Reichweite der Nahaufklärung. Wir kennen die Sektionen, die von amerikanischen Patrouillenflugzeugen abgeflogen werden, ganz genau. Das japanische Generalkonsulat hat vorzüglich gearbeitet.«

▍ Die Piloten klettern in ihre Bomber

Die Schiffsglocken reißen die wenigen Schläfer aus den Betten. Viele liegen mit Uniformen auf ihren Kojen. An diesem Tag schallen keine Flüche durch den Schlafraum. Mit ernsten, übernächtigten Gesichtern laufen die Männer durch die schmalen Gänge. Vor den kleinen, roten Schintoschreinen liegen Männer mit und ohne Uniformjacken, mit umgehängten Decken und Schlafanzügen auf den Knien und murmeln leise und laute Gebete vor sich hin.

Das Frühstück lassen die meisten stehen, nur den heißen Tee schlürfen sie wortlos hinunter. Fuchida meldet sich in der Morgendämmerung bei Vizeadmiral Nagumo, der unablässig an seinem Radio dreht, Nachrichten aus aller Welt abhört und pausenlos zum Sender Honolulu auf Hawaii zurückdreht. Er seufzt tief, als Fuchida eintritt.

Vielleicht ist er der unglücklichste Mensch des Flottenverbandes. Seine Stimme klingt resigniert, als er Fuchida die Fäuste drückt und ihn den Göttern befiehlt. Der Verband befindet sich etwa 200 Seemeilen von Pearl Harbor entfernt. Auf dem Flaggschiff werden die Siegesfahnen gehisst, die schon Admiral Togo 1905 anlässlich seines Sieges über Russland hatte am Mast flattern lassen. Die See ist bewegt, die Schiffe schlingern ein wenig. Der Wind hat sich aufgemacht, und die Wellen schlagen an den Schiffsrümpfen empor.

Fuchida steht bereits auf der Kommandobrücke mit einem Fernglas in der Hand und beobachtet die See. Einige Offiziere haben Bedenken, die Flugzeuge bei diesem Wellengang starten zu lassen. Man rechnet mit vielen Fehlstarts.

Auf ein Zeichen klettern die Piloten in ihre Bomber und Torpedoflugzeuge. Trotz der Nervosität klappen die Starts wie am Schnürchen. Eine Maschine nach der anderen rast über das Deck. Nur ein Jäger wird so unglücklich vom Wellengang erwischt, dass er kopfüber ins Meer fällt und versinkt.

Fuchida ist stolz. Die Übungen haben sich gelohnt. Die angesetzte Zeit, um alle 185 Maschinen in der Luft zu haben, ist um viele Minuten unterboten worden. 15 Minuten nach dem Start sind 185 Kampfflugzeuge von sechs Flugzeugträgern gestartet. Minuten später ist die zweite Welle in der Luft und wieder einige Minuten danach die dritte Welle. Fuchida hat die Fäden fest in der Hand. Über 300 Flugzeuge aller Typen vereinigen sich zu einem gefährliche Pulk, der sich in mehrere Angriffswellen aufgliedert.

Mit donnernden Motoren nähert man sich der Höhle des Tigers. Flugzeit knapp eine Stunde.

Die Eingeweihten halten den Atem an. Überall im Pazifik, wo die verschiedenen Flotten der Japaner versteckt liegen, hängen Offiziere an ihren Empfängern, um den Einsatz für weitere Überfälle in anderen asiatischen Gebieten entgegenzunehmen. Alles hängt von Pearl Harbor ab.

Alles hängt von Kapitän Mitsuo Fuchida ab.

Die erste Welle befindet sich kurz vor dem Ziel. Noch hat Fuchida kein Zeichen gegeben und keine Silbe über den Äther gesprochen. Und dann kommt die Insel in Sicht. Verschlafen recken sich die Palmen in den Himmel. Kurz vor acht Uhr haben die Flugzeuge Pearl Harbor erreicht. Fuchida feuert einen Schuss aus seiner Leuchtpistole ab und ruft:

»Teo – teo – teo.«

Es ist die erste Silbe des japanischen Wortes für Angriff. Die Schlacht beginnt.

▌ Der Überraschungsangriff gelingt

7.49 Uhr.

Korvettenkapitän Fuchida hat über Sprechfunk den Angriff gegeben. Sechs Minuten später halten in Pearl Harbor die amerikanischen Schiffe ihre routinemäßige feierliche Flaggenparade ab.

Die Zeremonie ist im Hinblick auf die anfliegenden Kampfflugzeuge eine makabre Angelegenheit.

Der Signalturm im Marinehafen löst das Ritual aus. Die Schiffe im Hafen machen es ihm nach. Überall stehen Matrosen, die Nationalflagge in der Hand, holen die blaue Flagge herunter und lassen die andere hochsteigen. Stolz klettern die Symbole Amerikas an den Masten empor.

An Bord der großen Schlachtschiffe spielen die Bordkapellen. Auf der »Nevada« wird die Nationalhymne zu Ende gespielt. Die Trompeter haben in festem Griff ihre Instrumente an die Lippen gesetzt und blasen aus vollen Lungen. Sie kennen mittlerweile die Melodie auswendig und blicken über die tanzenden Finger hinweg in den Himmel. Einige Bläser krausen die Stirn. Der Ansatz wird schwächer, ihre Augen größer. In der Ferne tauchen schwarze Punkte auf. Flugzeuggeräusche kommen näher. Eine leichte Brise treibt den Motorenlärm heran. Die Maschinen fliegen niedrig. Die Fahrgestelle sind nicht eingezogen, und an ihren Rümpfen leuchten rote Kokarden.

Die Nationalhymne bricht mit schrillen Tönen ab. Signalpfiffe ertönen, Befehle werden geschrieen, und die ersten Bomben detonieren. Ein amerikanischer Matrose, dem die pazifische Sonne und das exotische Klima den Kopf verdreht haben, wischt sich verschlafen über die Augen und ruft entsetzt seinen Kameraden zu:

»Die Russen kommen, die Russen kommen!«

▍ Tora – Tora – Tora

Die Torpedoflugzeuge streichen flach über das Wasser hin, wie sie es gelernt haben, und schicken ihre gefährlichen Geschosse auf die Reise. Die gewaltigen Schlachtschiffe zucken zusammen. Bombendetonationen und Torpedokrachen reißen sie aus ihrem Dornröschenschlaf.

Die Amerikaner wurden völlig überrumpelt. Fuchida ruft ins Mikrofon. »Tora – Tora – Tora!« Tiger – Tiger – Tiger!

Seine Freunde vom Flottenverband, in Tokio und von den Kommandoschiffen der Flottenverbände wissen, dass der Angriff gelungen ist; Amerika wurde überrascht.

Durch einen Irrtum stürzen sich alle Maschinen gleichzeitig auf ihre vorgezeichneten Ziele. Als Erstes fliegt das Schlachtschiff »Arizona« in die Luft. Horizontalbomber haben es mit einigen Volltreffern in die Munitionsdepots ausgeschaltet. Die Sturzkampfbomber und Jäger stürzen sich wie Habichte auf die amerikanische Luftwaffe. Schließlich stehen doppelt so viele Jäger und Zerstörer bereit, um die Japaner in Empfang zu nehmen. Aber das Personal ist eben aus den Betten gesprungen, die Geschütze und Maschinengewehre in den Flugzeugen sind nicht geladen. Sie werden zusammengeschlagen, so, als wären sie für Übungszwecke dahin gestellt worden. In Reih und Glied stehen sie fein säuberlich ausgerichtet da. Und die japanischen Flugzeuge fallen darüber her. Fuchida hat sich das Schlachtschiff »Maryland« persönlich ausgesucht. Er ist einige Male angeflogen und hat seine Bomben als Volltreffer gelandet. Das Schlachtschiff »Oklahoma« ist von Torpedos und Bomben so getroffen, dass es kentert. Die »California« hält sich nur noch mühsam über Wasser. Die »Tenessie« steht in Flammen, und die »Utah« ist vor Port Island aus tausend Wunden blutend untergegangen und hat viele Matrosen mit in die Tiefe gerissen.

Fuchida kreist über dem brennenden Schiffsfriedhof. Seine Kameraden haben ganze Arbeit geleistet. Überall sind Schlachtschiffe, Kreuzer und Hilfsschiffe in dicke Rauchsäulen gehüllt. Gierige Flammen lodern in den Morgen.

Fuchida bricht seinen Rundflug ab. Der Himmel ist inzwischen schwarz geworden. Dicke Rauchwolken haben alles eingenebelt. Im Hafen und auf den Flugplätzen ist nichts mehr zu erkennen.

Die Katastrophe ist perfekt.

In Fort Shafter läutet eine einzelne Glocke. Der Priester hat keine sonderlich hohe Meinung von dem kläglichen Klang seines Glöckchens. Der Küster, ein Sergeant der Luftwaffe, zieht an dem Glockenseil, als wollte er die Big Ben in Bewegung bringen. Gleichzeitig macht er dabei seine Morgengymnastik. Die ersten zwei Minuten hat er gebetet, jetzt trainiert er seinen dicken Bauch, den er sich inzwischen auf Hawaii zugelegt hat.

In zehn Minuten beginnt die katholische Frühmesse, für Frühaufsteher, Touristen und Soldaten eine wohl überlegte Zeit. Der Priester steht vor der Tür der kleinen Kapelle und schaut in den wolkenbedeckten Himmel, aus dem die Sonne in Abständen hervorscheint, als wollte sie die Gottesdienstbesucher des amerikanischen Forts zählen.

Die ersten Männer schlendern den Kiesweg hinauf. Einige gähnen, einer bleibt stehen und reckt genießerisch seine Arme in den Himmel.

Der Sergeant ist mit seiner Seilübung schneller geworden. Unmerklich hat er den Rhythmus beschleunigt.

Der Priester lächelt. Sein Küster ist heute in Hochform. Neben den festen Soldatenstiefeln trippelt es. Einige Frauen von Offizieren, die seit zwei Jahren auf den Inseln wohnen, haben sich auf den Weg gemacht. Der Küster schaut auf seine Uhr – noch zwei Minuten. Einige Schweißperlen schimmern auf seiner Stirn. Als er das Seil festgeklemmt hat und der letzte Glockenschlag verklungen ist, setzt die Orgel ein.

Die Kapelle ist halb gefüllt.

Der Priester schaut in die Runde. Vor ihm sitzen braungebrannte, gesunde Soldaten. Nur die khakifarbenen Uniformen erinnern ans Militär. Liederbücher werden aufgeschlagen, Papier raschelt, und die Orgel lenkt mit einem Vorspiel auf die Melodie hin.

»God the savior and redeemer ...«

Die Männer singen aus voller Kehle. In der halb gefüllten Kapelle schallt der Gesang eindrücklich.

»... dessen starke Hand die Welt und was drinnen ist, erhält.«

In der Ferne gibt es eine heftige Detonation. Wie von Geisterhand geöffnet fliegen alle Fenster gleichzeitig auf. Ein unsichtbarer Befehl reißt alle Köpfe zur Seite. Die Fensterflügel pendeln hin und her. Für einen Augenblick verstummt der Gesang. Auch der Orgel scheint ein Schreck in die Glieder gefahren zu sein. Der Priester umklammert die Agende.

»Das ist gegen die Abmachungen«, denkt er.

Hoch und heilig hat ihm Admiral Kimmel versprochen, dass alle militärischen Übungen während des Gottesdienstes zu unterbleiben haben. Und jetzt diese Knallerei. Keine Spur von Einsicht. »Schließlich sind wir nicht im Krieg!«

Auch in den nächsten Sekunden wird der Sonntag weiterhin entheiligt. Es ist schwer festzustellen, aus welcher Richtung die Detonationen kommen.

Eine Frau flüstert ihrem Mann zu: »Wenn ich nicht wüsste, Hawaii liegt einige tausend Meilen von Japan entfernt, ich ...«

Ihr Mann nickt und sagt: »Ich auch.«

Die Gemeinde erhebt sich zum Gebet, da wird abrupt, ohne anzuklopfen, die Tür aufgerissen. Ein Soldat steht im

Türrahmen, die Augen weit aufgerissen, einen Helm in der Hand.

Noch hat der Priester sein Gebet nicht begonnen.

»Bombenangriff der Japaner auf die Insel, höchste Alarmstufe!«

In den letzten Reihen kreischen einige Frauen. Hier und da springen Soldaten wie elektrisiert auf. Der Priester hebt segnend die Hände.

»Gott schütze uns alle, Gott schütze Hawaii!«

Die ersten Flugzeuge donnern über die Insel. Männer, Frauen und Kinder rennen in alle Richtungen. Die Frauen in ihre Häuser, die Männer zu den Geschützen.

Über Oahu steht eine riesige Rauchsäule. Kreuz und quer donnern Flugzeuge durch die Luft. Der Priester hat inzwischen seine Soutane vom Körper gestreift und läuft zum Gefechtsstab.

Der Küster und Sergeant der Luftwaffe ist schon auf halbem Wege zur Funkleitstelle. Da fällt ihm plötzlich ein, dass das Allerheiligste noch in der Kapelle steht. Ohne weiter zu überlegen, rennt er den Weg zurück. Die Kapelle steht menschenleer. Bevor er den Eingang erreicht, hört er hinter sich eine Staffel Flugzeuge im Tiefflug heranheulen. Maschinengewehre knattern, Bomben fallen. Drei Sekunden später hat eine schwere Bombe die Kapelle an der Seite getroffen und in Stücke zerrissen. Hundert Schritt entfernt liegt der Priester in einem Rasenbeet, hebt für einen Augenblick seinen Kopf und sieht die Stelle, wo eben noch seine Kapelle gestanden hat. Er schließt die Augen. Seine Hände verkrallen sich in dem taufrischen Rasen. Dann befiehlt er die Seele des ersten ihm bekannten Toten in Gottes Hand.

8.05 Uhr.
Die Luft dröhnt von japanischen Flugzeugen. Die rote Kokarde hat den Luftraum über Hawaii erobert. Über

dem Hafen und den Inseln liegen dicke, weißgraue Wolken. Eine gewaltige Dunstwolke hat sich über das Hafenbecken gewölbt. Dazwischen lodern Flammen, von Schiffen, Hafeneinrichtungen und Anlageplätzen ist kaum noch etwas zu sehen. Besonders die dunklen Wolken eines brennenden Öldepots hüllen den Schiffsfriedhof ein.

▌ Ein amerikanischer Bomberverband gerät ahnungslos in den Überfall

Major Landon sieht seinen Co-Piloten an. Die Sonne spiegelt sich im Kabinenglas. Das Wetter ist herrlich.

»Wenn du das Glas nimmst, kannst du die Insel sehen!« Der andere streckt seinen Arm aus und gähnt.

»14 Stunden Flug, ich bin es leid. Ich freue mich schon auf mein Bett.«

»Und einen Whisky«, sagt Landon, Major der Luftwaffe und Leiter eines Bomberverbandes von 12 B-17-Maschinen, die seit 14 Stunden in der Luft und als Verstärkung für Hawaii abkommandiert sind.

Die Maschinen fliegen in Reih und Glied, monoton surren die Motoren, einige Piloten sind mit ihren Gedanken noch in Kalifornien, wo sie am Tag zuvor abgeflogen sind. Jimmy hat seine weinende Braut zurückgelassen, Major Landon seine Frau und drei Kinder. Die Stimmung ist gedrückt. In Amerika sprach man von Krieg. Hawaii liegt zwar einige tausend Seemeilen von Japan entfernt, aber man kann nie wissen.

Major Landon gibt Landeanweisungen.

»Achtung, Achtung! Jeden Augenblick kommen wir mit Kontrollturm Hickam-Field in Verbindung. Die Sicht auf den Inseln ist schlecht. Vermutlich macht der Stützpunkt eine Übung.«

Co-Pilot Jimmy nimmt das Glas und richtet es auf riesige Rauchwolken.

»Verdammt noch mal, die nebeln aber unanständig!«

Dann reißt er das Glas herunter. Eben sind einige schnelle Flugzeuge über ihn hinweggebraust.

Er lacht zur Seite.

»Man merkt's, nette Leute auf Hawaii! Das Klima steckt an. Eben ist eine Flugzeugformation über uns hinweggerauscht.«

Er blickt in die Runde.

»Empfangskomitee, kann sein«, sagt er gleichgültig. Er achtet auf die Anweisungen des Kontrollturms. Der Pilot des letzten Bombers schreckt plötzlich seine Flugkameraden auf.

»Achtung, Leutnant Bartels an alle. Wir werden von feindlichen Jagdbombern verfolgt. Tragflächen und Rümpfe tragen rote Kokarden. Das sind niemals Amerikaner.«

Landon greift zur Taste.

»Achtung, Achtung. Hier Major Landon. Flug 1401 Kalifornien-Hawaii. Wir erwarten Landeerlaubnis und Landeinstruktion!«

Die letzten Schläfer in den Maschinen sind plötzlich hellwach. Und dann geht alles in Sekundenschnelle. Die ersten MG-Garben zucken am Heck vorbei. Leutnant Lessebs Maschine hat die ersten Treffer erhalten. Aber er hat sein Flugzeug in der Gewalt.

Über Funk meldet sich eine Stimme vom Flugplatz:

»Pearl Harbor wird von japanischen Kampfflugzeugen angegriffen ...«

Sehr freundlich von den Leuten da unten. Die zwölf Bomberpiloten haben das inzwischen auch begriffen. Wieder die Stimme vom Flugplatz:

»Nur die erste Formation kann auf Rollbahn zwei landen. Bombentreffer auf Landebahn.«

Es folgen Windrichtung und Windstärke. Und die Übrigen? Es bleibt keine Zeit zum Überlegen.

Jeder macht sich selbstständig. Gott sei Dank, dass Wolken am Himmel stehen. Landon ist der Erste, der seine Maschine steil in die Höhe zieht und seine Verfolger abschüttelt.

Der Co-Pilot flucht.

»Die in Washington sind ja wahnsinnig. Ohne Munition, ohne Panzerung, ohne alles. Die Japsen schießen uns ab wie Spatzen!«

Landon steigt immer noch.

»Man müsste wissen, aus welcher Richtung die Burschen gekommen sind ...«

»Wie viel Benzin haben wir noch?« »Für eine Stunde Flugzeit etwa.« »Alles egal, Nordnordwest. Nur weg.«

Eine B-17 wird kurz vor der Landung in der Funkkabine von einer Maschinengewehrsalve erwischt. Die Leuchtkugeln stehen augenblicklich in Flammen, und schon brennt die ganze Maschine. Eine Tragfläche bricht ab. Das Flugzeug trudelt und stürzt mit der Besatzung in den Pazifik. Eine andere Maschine geht bei der Landung zu Bruch. Das Rollfeld ist von Bombenlöchern übersät. Der Angriff scheint den Japsen gelungen zu sein. Die Flugzeuge sind samt und sonders beschädigt, einige liegen zerhackt am Boden. Der Pilot hat das Flugzeug gut aufgesetzt, dann kommt ein Krater. Ein völliges Ausweichen ist unmöglich. Die Geschwindigkeit ist zu hoch. Er versucht, rechts an dem Loch vorbeizukommen, aber die Maschine bekommt das Übergewicht, eine Tragfläche streift den Erdboden, und das Fahrwerk knickt ein. Mit aufgerissenem Bauch und beschädigten Tragflächen bleibt der schwere Bomber liegen.

Die Besatzung ist mit dem Schrecken davongekommen. Der Chef des Bomberverbandes rast in großer Höhe über den Pazifik. Hawaii liegt weit hinter ihm. Zu zweit schauen sie auf die Benzinuhr.

»Wir müssen zurück, sonst geht uns der Treibstoff aus. Ist die Luft rein?«

»Ich sehe nichts.«

Landon geht auf Gegenkurs.

Eine Wolkenbank liegt unter ihnen. Landon fliegt eine große Schleife.

»In Hickam können wir nicht landen. Wir müssen irgendwo einen großen Platz finden.«

Landon versucht den Kontrollturm in Hickam-Field zu bekommen. Eine Stimme schrillt:

»Keine Landemöglichkeit, keine Landemöglichkeit, versuchen Sie den Golfplatz von Kahuku Point zu erreichen. Über Wheeler erhalten Sie weitere Instruktionen!«

Wheeler ist der zweite Flugplatz von Hawaii. Einige Male kurven sie in der Luft, ehe sich Wheeler meldet. Da muss auch der Teufel los sein. Der dortige Funker ist noch aufgeregter. Er brüllt wie ein Verrückter in die Muschel:

»Landen unmöglich, wir stehen unter Beschuss!« Die Japsen sind also immer noch da.

»Vom Westen nach Osten hereinkommen!«

»Der Mann hat wenigstens nicht die Nerven verloren.«

Kahuku Point liegt im Norden von Oahu, direkt am Meer. »Also die Insel vom Westen her anfliegen. So weichen wir am besten den Japanern aus.«

Zur rechten Hand brennen überall Schiffe. Sie lassen Pearl Harbor seitwärts liegen.

Landon geht tiefer. Unter ihnen liegt die Radaranlage in Kawailoa. Und dann tauchen die grünen Golfwiesen auf. Der Co-Pilot zieht eine krause Stirn. Der Major setzt zur Landung an. Natürlich ist die Landebahn viel zu kurz. Landon bremst, aber die Geschwindigkeit ist noch zu hoch. Die Maschine wird kopflastig, es gibt ein unvorstellbares Getöse, dann bleibt sie kurz vor einem Palmenhain in duftenden Rosen mit der Nase stecken. Alle Besatzungsmitglieder sind angeschnallt. Die Gurte reißen ins

Fleisch. Aber keinen hat der Aufprall zerschmettert. Zehn Meter weiter beginnt der Palmenhain. Die Türen werden aufgerissen. Die Männer schauen in die Kronen der Bäume. Ein mäßig warmer Morgenwind spielt in den Zweigen. Co-Pilot Jimmy wischt sich Bluttropfen von der Stirn und schüttelt den Kopf. Ein müdes Lächeln huscht über sein Gesicht:

»Unter den Palmen hätte ich mir das ganz anders vorgestellt.«

Einer lässt sich auf den Golfrasen fallen. Er zittert am ganzen Körper. Major Landon wischt seinem Co-Piloten das Blut ab, das aus zwei Platzwunden in den Nacken rinnt. Lakonisch sagt er:

»Wir sind da!« Der andere stöhnt:

»Das ist noch mal gut gegangen. Gott sei Dank, und das ist keine Redensart, verstehst du?«

▍Die Bomberstaffeln landen auf ihren Trägern

Amerika erlebt den schwärzesten Tag seines Krieges. Es wird hart zur Ader gelassen. Über 300 000 Tonnen Schiffsraum sind versenkt oder total unbrauchbar geworden. Die Flugplätze Hickam und Wheeler sind zerstört. Von den über 200 dort stehenden Flugzeugen sind 64 völlig zerstört, die meisten beschädigt und vorerst unbrauchbar geworden. Über 2000 Soldaten sind in wenigen Stunden gefallen. Die Kriegsgeschichte ist um eine verhängnisvolle Schlacht reicher.

Etwa 25 Seemeilen von den Inseln entfernt sammeln sich die einzelnen Verbände zum Rückflug. Die Piloten danken den Göttern. Die »aufgehende Sonne« Japans hat mit ihren Strahlen einen gefährlichen Feind aus dem Schlaf gerissen. Wie ein Lauffeuer verbreitet sich der hinterhältige Überfall durch die Welt. Die Kriegserklärung

Japans ist Thema Nr. 1 in allen Hauptstädten der Welt. Etwa gegen 12 Uhr kommen die Flugzeuge der letzten Welle zurück. Sie haben mehrfach den Kurs gewechselt, um eventuell sie verfolgende amerikanische Bomber und Jagdflugzeuge abzulenken. Für die amerikanischen Superfestungen wäre der japanische Flottenverband ein gefundenes Fressen gewesen. Aber die Bomber stehen weitgehend in Flammen. Die heilen können nicht starten, Bomben aus den Depots nicht herbeigefahren werden. Es ist zum Verzweifeln. Inzwischen rast eine japanische Maschine nach der anderen auf die Flugzeugträger zurück.

Das Wetter ist noch schlechter geworden, der Himmel verhangen. Es gibt viele Unfälle und Fehllandungen. Eine Reihe von Flugzeugen, die die Hölle von Pearl Harbor überstanden haben, kippen ins Meer, andere knicken zusammen, wenn die See die Schiffe hebt. Etwa 30 Maschinen sind über der Insel abgeschossen und verloren gegangen. Einige haben sich selbstverständlich mit ihren Flugzeugen und ihren Bomben, als sie angeschossen waren, auf lohnende Ziele im Hafen gestürzt.

Etwa 300 Maschinen landen wohlbehalten auf den Decks der Flugzeugträger und erwarten siegestrunken neue Einsätze.

Auch Fuchida landet wohlbehalten. Seine Maschine ist an mehreren Stellen durchlöchert. Das Seitenruder klemmt, aber die Herrschaft über die Maschine hat er behalten.

Auf dem Flaggschiff findet eine kurze Lagebesprechung statt, man orientiert sich über den Stand der Zerstörung und willigt allgemein in einen weiteren Angriff ein. Aber Oberbefehlshaber Nagumo denkt nicht daran, die Vernichtung zu vollenden. Ihm hat von Anfang an der Plan missfallen, und er versucht jetzt, ungeschoren mit seinem Flottenverband aus dem Rachen des Tigers zu entkommen. Außerdem traut er den begeisterten Berichten nicht. Er ist skeptisch und will wenigstens die Flotte retten, sollte es noch zu Überraschungen seitens der Amerikaner kommen. Fuchida muss sich beugen.

Das Kommando des Gesamtverbandes hat Nagumo. Er behält das letzte Wort. Der Schiffskonvoi nimmt volle Fahrt auf, ändert den Kurs und kurvt siegestaumelnd Richtung Heimat.

Fuchida ist der Held des Tages.

So viele Hände hat er in kurzer Zeit nie wieder geschüttelt. Der Wind der Götter hat sie geleitet. Schnell zieht er sich aus dem Lärm der freudetrunkenen Menschen zurück. Um vor dem Schintoschrein niederzufallen. In seinen Gedanken klingen die Banzairufe seiner Kameraden. Im Chor schreien sie sich heiser: »Joku Jatta! Joku Jatta! – Herrlich – herrlich – wunderbar – wunderbar!«

Amerika, schlag zu!

8

Als in Pearl Harbor die japanischen Sturzkampfflugzeuge ihre ersten Bomben ausklinken, zeigt in New York die Uhr 12.20 Uhr.

Einer der jüngsten Senatoren, Cabot Lodge vom amerikanischen Repräsentantenhaus, fährt vor einer Tankstelle vor. Der Tankwart grüßt verwirrt, reißt den Schlag des Wagens auf, lässt alle Höflichkeitsformen beiseite und schreit in den Wagen: »Es ist Krieg. Japan hat Pearl Harbor überfallen!«

Der Senator umklammert das Lenkrad, schaut über den Kühler seines Wagens und will zuerst wieder einen Gang einlegen. Ein Blick auf die Benzinuhr entlockt ihm einen kurzen Fluch. Seine Augen weiten sich. Er springt hinter dem Steuer weg.

»Volltanken!«

Seit Wochen hält sich das Gerücht, Japan werde einen Überraschungsangriff wagen. Viele Senatoren sehen die Möglichkeit nicht als abwegig an. Jetzt ist es so weit. Die Nachricht schlägt ein wie eine Pistolenkugel. Lodge ist abwesend. Er merkt nicht, was um ihn herum vorgeht. Der Tankwart reißt mit der einen Hand den Benzineinfüllstutzen aus dem Automaten und mit der anderen stößt er die Kühlerhaube hoch.

»Super- oder Normalbenzin?«

Lodge hört nicht zu. Er ist schon in Gedanken in Washington, im Repräsentantenhaus, er überlegt passende Worte für eine kurze Rundfunkansprache, knallharte Sätze für eine entsprechende Pressenotiz und murmelt vor sich hin. Der Mann der Mitte und des Ausgleichs ist aufgebracht. Krieg ohne Kriegserklärung. Krieg auf eine hinterhältige Art. Er denkt an Pearl Harbor. Die Seefestung ist ihm ein Begriff. Die Japaner werden bestimmt ganze Arbeit geleistet haben. Gegen friedliche Leute kann man immer erfolgreich zu Felde ziehen. Der Tankwart lockert den Benzinhebel, der Automat brummt, und die schwarzweißen Zahlen galoppieren an dem kleinen Fensterchen vorbei.

»Wo haben Sie es gehört?«

»Im Radio, Herr Senator! Vor einer halben Stunde!«

Die Tür des Häuschens steht auf, das Radio läuft, und ernste Musik schallt nach draußen.

»Ich muss sofort telefonieren!« Der Tankwart nickt und lässt abrupt den Hebel los. Die schwarzen Zahlen auf dem weißen Hintergrund stoppen. In dem Augenblick bricht die Musik ab.

Papier raschelt und eine männliche Stimme meldet sich. »Amerika befindet sich seit 10.40 Uhr im Krieg mit Japan. Über das Ausmaß des Überfalls auf Pearl Harbor liegen bis jetzt keine endgültigen Nachrichten vor. Mehrere hundert japanische Kampfflugzeuge haben Schiffe, Hafenanlagen und Flugzeuge der Amerikaner angegriffen. Der Angriff geschah in den frühen Morgenstunden und so überraschend, dass den feindlichen Bomberverbänden nur geringer Widerstand entgegengesetzt werden konnte. Das amerikanische Repräsentantenhaus tritt in Kürze zur Beratung zusammen. Die nächste Sendung ›Die Hausfrau vor Weihnachten‹ fällt aus. Wir senden weiter Musik und unterbrechen, wenn neue Informationen vorliegen.«

Lodge starrt vor sich hin, die Hände in den Taschen zu Fäusten geballt.

»Eine unglaubliche Schweinerei!«

Der Tankwart überreicht ihm die Quittung und dreht die Musik leiser.

»Endlich, jetzt muss Amerika zuschlagen. Wir haben lange genug zugeschaut. Meinen Sie nicht auch?«

Der Senator seufzt, greift in die Brieftasche und holt einen Schein heraus.

»Bill, Sie kennen mich, es widerstrebt mir, ja zu sagen. Aber das ist der Gipfel der Unverschämtheit. Die hinterhältigen Burschen sitzen in Washington am Verhandlungstisch, und in Pearl Harbor öffnen sie die Bombenluken.«

Lodge reicht dem Tankwart die Dollars.

»Der Rest ist für Sie. Hat sowieso bald ein Ende.«

»Thank you, Sir, da ist übrigens das Telefon.«

»Hat sich erübrigt, Bill. Was ich brauche, ist ein Mikrofon. Und dann mit Zuckerbrot und Peitsche. Der letzte Mann muss mobilisiert werden. Die Zeit war noch nie so günstig.«

Der Tankwart hält seine Hände hoch und ballt sie zu Fäusten.

»Sir, ich bin der Erste, der sich meldet. Diese Hände haben jahrelang den Benzinhahn bedient, jetzt werden sie einen anderen Hahn bedienen.«

Der Senator ist mit einigen Sätzen im Wagen. Der Anlasser surrt, und schon schießt das Fahrzeug auf die wenig befahrene Straße – Richtung Washington.

▌ Todesurteil für den tollen Hund

Das Kapitol in Washington ist von Menschen belagert. Berittene Polizisten halten die breite Zufahrt frei. Ein kalter Wind streicht über die Menschenmenge. Frauen und Kinder ziehen ihre Mäntel enger.

In einer Stunde beginnt die Kongresssitzung, in der über die Kriegserklärung an das Kaiserreich Japan abgestimmt werden muss. Der Präsident wird einen leichten Stand haben. Einzelne Limousinen fahren vor. Sie sind ohne polizeilichen Begleitschutz. Jedermann weiß, dass es sich um Senatoren und Kongressmitglieder handelt.

Einige hasten ins Innere. Sichtliche Erregung steht auf ihren Gesichtern geschrieben. Neue Polizisten treffen ein. Sie schieben eilig die Menschenmenge zurück. Wortlos lässt es die Menge mit sich geschehen.

Gleich muss der Präsident kommen. Die Hälse recken sich. Das Gemurmel wird größer.

Einige haben den Fahrzeugkonvoi schon gesehen. Ohne Hupen, ohne Blaulicht, ohne Getöse prescht er heran. Zehn schwarze Limousinen. Nicht wenige werden es gesagt und gedacht haben: »Wie zu einem großen Begräbnis.«

Die Geheimpolizisten in den begleitenden Fahrzeugen springen als Erste heraus. Sie sehen unauffällig nach allen Seiten. Dann gehen die Türen der anderen Wagen auf. Ein Kapitän zur See hilft seinem Vater aus dem Wagen. Gestützt auf seinen Sohn entsteigt ein ergrauter, alter Herr dem Fahrzeug – Franklin D. Roosevelt, der Präsident der Vereinigten Staaten von Amerika.

Augenblicklich erhebt sich ein Jubelgeschrei. Arme werden hochgerissen, Kinder hochgehalten und Hüte geschwenkt. Trotz der Kälte.

Der Präsident winkt nur kurz zurück. Er geht langsam. Groß und Klein erkennt ihn schon von weitem an seinem einfachen Marineumhang.

Vereinzelte Stimmen dringen ans Ohr des Präsidenten. »Schlagt die Hunde tot, sie haben es verdient!«

»Nieder mit den Japsen!«

»Rache für Pearl Harbor!«

Der Satz trifft. Hunderte greifen ihn auf. Plötzlich formt sich ein Sprechchor. Aber es fehlt an Einpeitschern. Nichts ist organisiert.

»Rache für Pearl Harbor – Rache für Pearl Harbor!«

Der Präsident hört die Rufe, aber er greift sie nicht auf. Er weiß zu gut, was Emotionen bedeuten. Der Faschismus hat sie ihm täglich geliefert.

Kurz vor dem Südportal dreht er sich noch einmal umständlich um. Er winkt, zurückhaltend, ohne Feuer, aber nicht resigniert. Ein letztes Mal brandet der Jubel auf. Heute fehlen die Kritiker, die sonst regelmäßig gegen seine Politik mit Sprechchören, Schildern und Drohungen zu Felde ziehen.

Sie stehen dazwischen, aber sie schweigen. Pearl Harbor hat sie geeint, die Freunde und Feinde, die Gemäßigten und Radikalen, die Neutralisten und die Isolationisten. Bevor die Tür hinter dem Präsidenten ins Schloss fällt, holen ihn frenetische Rufe ein.

»Rache für Pearl Harbor!«

»Schlagt die tollen Hunde tot!«

»Endlich Krieg!«

»Jagt die Japanesen zum Teufel!«

Die Gattin des Präsidenten ist einen anderen Weg gefahren. Mit schnellen Schritten strebt sie aufs Südportal zu. Geheimpolizisten öffnen ihr die Tür. Die Menge rafft sich noch einmal zu Hochrufen auf.

»Es lebe die USA!«

In den Sätzen klingt mehr Verbitterung als Begeisterung auf. Rachegefühle und Wut haben die Menge gepackt.

Die First Lady des Landes dreht sich um, reißt beide Arme hoch und drückt beide Daumen. Die Menschen in den ersten Reihen haben verstanden. Noch einmal braust der Jubel durch die Menge. Viele Hände mit gedrückten Daumen gehen in die Höhe. Einer aus der Masse schreit über die Köpfe hinweg:

»Amerika, schlag zu – Amerika, schlag zu!«

Nur noch vereinzelte Menschen drängen durch das Portal. Unzählige Fahrzeuge bevölkern die Parkplätze. Fahrer haben Kofferradios auf ihrem Schoß und drehen an den Knöpfen.

In der Kongresshalle sind nur noch wenige Plätze frei.

Zuschauertribünen sind von Reportern aller Zeitungen, Rundfunkstationen und Nachrichtenagenturen gefüllt. Der Fraktionsführer der Demokraten kommt Arm in Arm mit dem Oppositionsführer der Republikaner in den Saal. Das hat es noch nie gegeben. Beifall brandet auf. Taschentücher werden gezückt. Niemand scheut die Tränen. Auf der hinteren Galerie im schwarzen Kleid sitzt Frau Roosevelt, einige Reihen hinter ihr die Witwe des ehemaligen Präsidenten Woodrow Wilson.

In den vorderen Reihen haben sich die höchsten Militärs niedergelassen. Einige haben Kinder auf dem Schoß. Aus Besprechungen, geschäftlichen und privaten Angelegenheiten wurden sie herausgerissen.

Und dann wird es mit einem Schlage still.

Präsident Roosevelt begibt sich ans Sprechpult, immer noch auf seinen Sohn gestützt. Die Uniform kennzeichnet die Lage. Der Sprecher des Hauses erteilt dem Präsidenten das Wort.

Es dauert eine Weile, bis er den richtigen Punkt zu fassen bekommt. Mit beiden Händen umfasst er das Pult. Das Haus spürt seine Entschlossenheit. Die Menge erhebt sich wie ein Mann. Lange Ovationen folgen. Es besteht kein Zweifel, der Krieg ist beschlossene Sache, die Kriegserklärung wird ohne Gegenstimmen verabschiedet werden.

Der Beifall ebbt ab.

Noch hat der Präsident kein Wort gesagt.

»Schluss mit dem Daumenhalten!«

Lauter Beifall.

Der Zwischenrufer hat sicher nicht den Präsidenten treffen wollen. Und tatsächlich, keiner versteht den Zwischenruf falsch. Die Einmütigkeit ist faszinierend. Wie eine große Familie haben sie sich zusammengefunden. Wieder zerreißt ein Ruf die abebbenden Ovationen.

»Sprecht das Todesurteil!«

Lauter Beifall.

Der Präsident hat ein schwarzes Notizbuch aufgeschlagen und blickt in die Runde.

»Gestern, am 7. Dezember 1941 – einem Tag, der als der Tag der Schande in die Geschichte eingehen wird –, wurden die Vereinigten Staaten plötzlich und planmäßig angegriffen ...«

Roosevelt spricht sechs Minuten. Das Wort Schande ist jedem unter die Haut gegangen. Die Würfel sind gefallen. Der Kongress hat eindeutige Konsequenzen gezogen. Die Kriegserklärung wird einmütig gefasst.

Eine Nation ist in ihrer Ehre getroffen. Die Neutralität hat ein Ende. Millionen Amerikaner an den Lautsprechern atmen auf. Unbegrenztes Vertrauen erfüllt sie. Viele amerikanische Japaner laufen bedrückt und eingeschüchtert durch die Straßen. Sie denken wie alle amerikanischen Bürger, aber ihre Hautfarbe ruft den Weißen das Entsetzen von Pearl Harbor ins Gedächtnis. Inzwischen sind schaurige Nachrichten durchgesickert. Der Gelbe ist der bestgehasste Mann in Amerika. In einigen Staaten kommt es zu schrecklichen Ausschreitungen. Die Rache Amerikas geht vielen Bürgern zu langsam. Sie wollen sichtbare Vergeltung. Sie schreiten zur Selbsthilfe.

Unschuldige, amerikafreundliche Japaner, die sich aufrichtig über die Schandtat ihrer eigenen Landsleute empören, werden grausam zusammengeschlagen, andere werden gelyncht, erschossen, bespuckt, bedroht und gemieden.

Viele Japaner, und überhaupt alle Asiaten, spüren etwas davon, was Hass vermag und erinnern sich an die unzähligen Judenschicksale in Deutschland.

Die Trauminsel im Pazifik wird zum Trauma. Freiwillige stürmen die Meldebüros. Der Paukenschlag hat gesessen. Senator Cabot Lodge ist befriedigt. Ehrlichen Herzens hat er seine Neutralitätspolitik aufgegeben. Jahrzehntelange, langsam gewachsene Überzeugungen werden von einem Tag auf den anderen über Bord geworfen. Bomben haben die größere Überzeugungskraft. Amerika ist uneingeschränkt über die Reaktion der Regierung befriedigt. Selbst die Roosevelt-feindliche »Los Angeles Times« schreibt am anderen Tag mit riesigen Lettern auf der ersten Seite: »Todesurteil für tollen Hund.«

▮ Acht Myriaden Götter kämpfen auf Japans Seite

Am 22. Dezember läuft die Flotte die japanische Insel an. Tausende von Menschen säumen die Straßen. Die Helden kehren heim. Die Schlagzeilen der Zeitungen überbieten einander. Extrablätter werden in Massenauflagen verteilt.

Der Stolz einer ungeschlagenen Nation erreicht den Höhepunkt. Bombastische Versprechungen springen dem Leser von den Titelseiten entgegen:

»Eine unbesiegbare Nation marschiert!«

»Hundert Millionen Helden greifen zu den Waffen!«

»Das war der Anfang vom Sieg!«

»Nippon hat die Luftüberlegenheit im Pazifik!«

Glänzende Feste werden arrangiert. Mitsuo Fuchida steigt von Podium zu Podium, um den Sieg von Pearl Harbor in immer neuen Farben zu schildern.

Der Jubel will kein Ende nehmen.

Japan verwandelt sich in ein Land, dessen Kriegsmaschinerie auf Hochtouren läuft. Die unerträgliche Spannung der letzten Monate ist vorbei. Täglich mehren sich Berichte, die den Krieg anpreisen. Aus Gerüchten ist bittere Wahrheit geworden. Japan befindet sich im Krieg. Kein Kleinkrieg, keine Bagatelle, es wird ein totaler Krieg. Die Eingeweihten wissen es. Die Militärs überschätzen sich. Das Parlament hat mit zusammengebissenen Zähnen zugestimmt. Der Rundfunk streut Siegestaumel ins Volk.

Sanfte wohlklingende Musik ist vom Programm gestrichen. Der Rhythmus beherrscht das Feld: Trompeten, Pauken und Fanfaren.

Ehrwürdige Kriegervereine und Verbände von ehemaligen Soldaten werden aufgefordert, das Begeisterungsfeuer zu schüren. Versammlungen werden angesetzt, die geballte Faust wird zum Symbol der Kriegstreiber. Pathetische Reden werden gehalten, Studentenorganisationen vor dem Kaiserpalast versammelt, die die Kriegserklärung beklatschen und besingen. Die Jugend ist vom Taumel der Begeisterung angesteckt. Der gezückte Säbel findet Beifall, und die stolzen Erfolge der asiatischen Befreier gehen unter die Haut.

Auf dem Podium vor dem Kaiserpalast steht ein Veteran aus dem japanisch-chinesischen Krieg. Er hält ein überlanges, riesiges Sperrholzschwert in der Hand. Die rote Farbe der Waffe ist weithin sichtbar. Mit einem Megaphon brüllt er kurze, abgehackte Parolen ins Volk.

Der Geist der Samurais ist wiedererstanden!

In der linken Hand einen Zettel, in der rechten einen Verstärker. Die Sätze sind vorformuliert. Der Mann aus dem Volk, der Soldat mit Leib und Leben, schleudert sie in die Menge.

Wie ein geprügelter Hund jault die Menge auf.

»Kessen Kessoku – ein Blitzkrieg, eine schnelle Entscheidung.«

»Ajiyajin no Ajia – Asien den Asiaten!«

Die bestellten Schreier sind überzeugt, die andern werden mitgerissen. Die Thesen treffen auf wunde Stellen. Viele denken anders, aber sie fühlen so. Zwischen Ost und West liegen Welten, mehr als eine unüberwindliche Mauer, mehr als der Pazifik und noch mehr als die Hautfarbe.

»Japan, der Retter Asiens!«

»Acht Myriaden Götter kämpfen auf Japans Seite.«

Man hört ihren Marschschritt. Militärkapellen stehen am Rand und spielen die Nationalhymne. Wie ein Mann fällt die Riesenschar ein.

Das hebt die Temperatur.

Und wieder steht der Mann auf dem Podium.

»Japan baut das Asien von morgen.«

Und das Echo:

»Banzai, banzai, banzai!«

Er faltet seinen Zettel zusammen. Sein Repertoire ist zu Ende. Er hat seine Sache gut gemacht. Noch als Pensionär hat er sich um sein Vaterland verdient gemacht. Die Organisation wird ihn mit einem Orden ehren. Orden sind wieder in aller Munde. Sie heben die Kampfmoral. Zwischen den Menschenhaufen stehen Schüler und Offiziere der Kriegsschule, treu ergebene, zuverlässige Männer mit einem unerschütterlichen Glauben an die Götter, an den Kaiser – und vor allen Dingen an ihre eigene Kraft.

Sie reißen ihre Arme hoch und schreien sich heiser. Andere fallen ein, angesteckt, infiziert, verwirrt.

Zwischendurch treten Offiziere auf das Podium und geben die neuesten Nachrichten auf dem Kriegsschauplatz bekannt.

»Wieder hat die unbesiegbare japanische Luftwaffe einen Erfolg zu verbuchen. Das gigantische Schlachtschiff ›Prince of Wales‹ und der Kreuzer ›Repulse‹ sind vor der malaiischen Küste versenkt worden. Das Schlachtschiff gehört zu den stärksten Schiffen der englischen Flotte.«

Schon sausen die Arme in die Luft. Junge Leute schauen sich an und brüllen vor Begeisterung.

»Ein Volk von Kriegern rüstet sich zum heiligen Krieg!«

»Banzai, banzai!«

Hachiman, der Gott des Krieges, hat sich in Japans Kämpfern verkörpert. Das blutrote Schwert des alten Kriegers ragt hoch über die aufgeputschte Menge. Im

Hintergrund liegt der schweigende Palast des Kaisers. Der Göttergleiche soll den Atem des kriegsbegeisterten Volkes spüren. Die Kriegserklärung ist keine Sache der Militärclique, sie ist die Forderung des ganzen japanischen Volkes.

Der Kaiser hat bis zuletzt gezögert.

Hier ist die Antwort des Volkes, die suggerierte, provozierte und inspirierte Antwort des Volkes.

▌ Der Göttliche lädt den großen Sterblichen Japans ein

Und dann kommt für Mitsuo Fuchida der Höhepunkt: die Einladung in den Palast Kaiser Hirohitos.

Der Göttliche lädt den größten Sterblichen Japans in seinen Palast ein. Der Sohn des Himmels lässt sich herab, den Helden von Pearl Harbor persönlich zu empfangen. Die Zeitungen bringen die Meldung auf der Titelseite. Fuchida ist überrascht.

Zu Hause kniet er vor dem Wandbord mit dem Gottesbild nieder. Er spürt den Hauch des Geistes seiner Ahnen. Die Verstorbenen sind nach landläufigen Vorstellungen nicht weit weg im fernen Jenseits. Sie sind hautnah. Sie sind gegenwärtig. Die Götter haben ihn erwählt, aus der Masse der Tapferen herausgegriffen und auf den Schild gehoben. Der Segen der Götter bereitet ihm den Weg.

Selbst der Kaiser, der Sohn des Himmels, bittet um seinen Besuch.

Fuchida ist aufgeregt, aufgeregter als vor dem Angriff auf die Höhle des Tigers.

Eine Viertelstunde sollte der Empfang dauern. Ihn begleiten Admiral Nagumo und der Kapitän des zweiten Angriffsgeschwaders, Schimazaki.

Der Kaiser sitzt im Thronsessel, neben ihm, eine Stufe tiefer, der Adjutant des Göttlichen. Niemand darf den Sohn des Himmels persönlich ansprechen. Jede Antwort übermittelt der Adjutant dem Tenno. Der Übermenschliche neigt sich zu den Menschlichen hinab. Das Ritual ist streng, die Atmosphäre ungewöhnlich.

Mit leiser Stimme fordert der Tenno seine Gäste auf, Einzelheiten über die Schlacht zu berichten. Einen Gesamtüberblick hat ihm der Thronrat gegeben. Noch zögert Fuchida, und der Adjutant wirft ihm einen aufmunternden Blick zu.

Fuchida kämpft mit Worten, aber dann reißt ihn die Begeisterung mit. Er malt die Phasen des Kampfes aus, schildert die verschiedenen Angriffswellen, die Erfolge der Bomber und heldische Einzelleistungen. Der Tenno ist speziell interessiert an dem aufopfernden Flug eines Kamikazefliegers, der sich mit einer beschädigten Maschine und der gesamten Bombenlast auf ein Schiffsziel gestürzt hat. Er fragt nach Verlusten und wie die Männer strategisch den Vernichtungsschlag beurteilen. Nagumo ergreift das Wort, lobt zuerst den Mut seiner Offiziere und lässt sich zu hohlen Phrasen über den Endsieg verleiten. Der Kaiser lächelt, und niemand weiß, was hinter der Stirn des Göttergleichen vor sich geht.

Die Audienz ist beendet. Mit segnender Gebärde verabschiedet sich der Tenno von den einzelnen Offizieren.

»Möge die Schowa, die glänzende Harmonie unter den Völkern der Welt, wiederhergestellt werden.«

Die Besucher verneigen sich.

Die Schowa ist die Losung des Tenno, die er sich für seine Regierungszeit ausersehen hat. Alle Pläne und Operationen, alle Niederlagen und Erfolge sollen der Schowa, der glänzenden Harmonie zur Befriedigung der Völker, dienen.

▌Ultimatum an Japan:
Waffen strecken oder Vernichtung

Noch eine Weile steuert »Hachiman«, der Gott des Krieges, die militärischen Unternehmungen. Die Philippinen werden überfallen, auf den Aleuten wird ein Brückenkopf gebildet, Singapore eingekreist, und Bombenangriffe auf australische Städte werden geflogen.

Das Banner der aufgehenden Sonne weht siegreich überall im Pazifik.

Und dann bahnt sich eine Wende an.

Die Siegesmeldungen verebben. Die »unbesiegbaren Armeen« erleiden eine Niederlage nach der andern. Die besten Schlachtschiffe Japans gehen bei den Midwayinseln verloren. Während japanische Flugzeuge auf Midway zufliegen, stürzen amerikanische Trägerflugzeuge auf die Invasionsflotte los und versenken alle vier Flugzeugträger, zwei schwere Kreuzer und drei Zerstörer. Drei Schlachtschiffe werden außer Gefecht gesetzt.

Dieser Vernichtungsschlag gegen die Japaner bringt den Umschwung des Krieges im Stillen Ozean.

Die Aleuten müssen aufgegeben werden, die Philippinen werden wiedererobert, auch die Gilbertinsel und die Marshallinseln kommen wieder in amerikanische Hände. Und immer näher schieben die USA ihre Stützpunkte an Japan heran. Sie verfolgen die Taktik, von Insel zu Insel springend, das japanische Festland in Flugzeugreichweite zu bekommen.

Die amerikanischen Seestreitkräfte haben sich nicht nur erholt, sie sind stärker als alle Verbündeten Japans zusammengenommen. Fast hundert Flugzeugträger mit Tausenden von Flugzeugen und weit über tausend Kriegsschiffe stehen bereit, um Japan systematisch einzukreisen. Eine Reihe Seegefechte verlaufen für die Japaner äußerst ungünstig.

Und dann kommt das Ultimatum an Japan: Waffenstreckung oder Vernichtung. Die japanische Regierung nimmt das Ultimatum nicht zur Kenntnis.

Darauf fliegt am 6. August 1945 eine einzelne B-29-Superfestung über die Industriestadt Hiroshima und wirft eine Atombombe ab, drei Tage später wird eine zweite auf Nagasaki geworfen.

Beide Städte werden vernichtet. Die Verluste betragen über hunderttausend Tote.

Angesichts der völligen Vernichtung kapituliert Japan am 14. August und unterschreibt am 2. September die bedingungslose Übergabe auf Deck des Schlachtschiffes »Missouri«.

Das Ende des schrecklichen Krieges ist gekommen.

Fuchida steht vor einem Scherbenhaufen

9

❚ Nach 1945 ...

Das alte Japan geht zu Ende. Eine Zeitepoche tritt ab. Das blutigrote Schwert des Samurai ist zerbrochen. Den Hurrapatriotismus haben Bomben auf Städte und Schiffe zerfetzt. Das Kartengebäude der Nationalisten und Militaristen ist zusammengebrochen. Die acht Myriaden Götter haben kapituliert. Die übrig gebliebenen Militaristen sind stumm geworden. Verbittert und resigniert haben sie sich auf die Dörfer und in die Einsamkeit zurückgezogen.

Ihre Zeit ist unweigerlich vorbei. Ihr Ruhm wurde im Atombombenangriff auf Hiroshima und Nagasaki zerschmettert.

Die zweitausendsechshundertjährige Geschichte Nippons hat einen unübersehbaren Einschnitt erfahren. Das Ende des Krieges hat alte, ehrwürdige Traditionen vom Tisch und von der geschichtlichen Bildfläche gefegt. Aus dem göttlichen Kaiser ist ein Mensch aus Fleisch und Blut geworden. Aus olympischer Höhe ist er in die Niederungen eines normalen Bürgers hinabgestiegen.

Die rassische Überlegenheit des Volkes hat sich in Nebel aufgelöst. Der Heilige Krieg hat sich in eine Katastrophe verwandelt.

Fuchida sitzt zurückgezogen in einem Dorf in der Nähe Kyotos am Radiogerät. Gleich wird der Kaiser sprechen, der göttliche Kaiser des göttlichen Japan.

▌ Die Götter haben abgedankt

Der Kalender zeigt den 31. Dezember 1945. Millionen Japaner hocken vor ihren Geräten. Wie ein unsichtbarer Schleier hat sich die Resignation über achtzig Millionen Japaner niedergelassen. Und dann hören sie die Wahrheit selbst aus dem Munde des Göttergleichen. Viele fallen auf die Knie, den Kopf zur Erde gesenkt. So haben sie es immer gemacht, wenn der Wagen des Kaisers vorbeikam.

Die Jungen lächeln, sie haben den Spuk schon vergessen. Sie können schneller schalten, schneller vergessen und schneller sich auf Neues orientieren.

Fuchida spürt seine Wunden. Fünfmal hat es ihn erwischt, die Götter haben seinen Tod verhindert. Aber sie haben es zugelassen, ihn lebend in die entsetzlichste aller Katastrophen zu schicken. Ein ehrenvoller Tod wäre ihm lieber gewesen. – Jedenfalls sofort nach Kriegsende.

Seine Beine schmerzen. Er fühlt die Narben. Es waren einmal Orden und Ehrenzeichen. Aber das alles zählt nicht mehr. Japan denkt an das Nächstliegende, an Essen, Wohnung, an Kleidung, Arbeit – an die nackte Existenz.

Millionen vagabundieren, ohne Heimat, ohne Obdach, ohne Götter, ohne Geborgenheit.

Fuchida hebt den Kopf. Die Stimme des Kaisers.

Er hat ihm gegenübergestanden vor einigen Jahren. Japan auf dem Höhepunkt seiner Macht. Fuchida auf der Höhe seines Ruhmes. Hier der Göttliche, da der Held der Nation. In der Nähe des Kaisers hat er mehr gezittert als in der Hölle von Pearl Harbor.

»... die Beziehungen zwischen uns und unserem Volk gründeten sich seit jeher auf gegenseitiges Vertrauen und gegenseitige Zuneigung. Sie sind nicht von bloßen Legenden und Mythen abhängig. Sie kommen nicht von der falschen Vorstellung her, dass der Kaiser göttlicher Abstammung und dass das japanische Volk andern Völkern rassisch überlegen und dazu bestimmt ist, die Welt zu beherrschen.« Die amerikafreundlichen Zeitungen haben es längst hinausposaunt, der Göttliche ist aus den Wolken des Mythos herabgestiegen. Freiwillig hat er auf seinen göttlichen Stand verzichtet.

Aus der ehernen Geschichte ist Legende geworden. Ungezählte Mythen und Märchen und halbreligiöse Legenden wurden einst als geschichtliche Tatsachen angepriesen. Wenige im Volk wagten daran zu zweifeln: hier und da Forscher, Gelehrte, Lehrer und Professoren. Wer laut die Zweifel verkündet und verbreitet hätte, wäre rücksichtslos vom Militärregime beiseite geschafft worden.

Fuchida schaut auf den Schintoschrein. Die Reiskörner, die vor ihm liegen, sind alt, und die Weinflecken sind schimmelig geworden. Er möchte am liebsten das kostbare Gehäuse mit einem gezielten Faustschlag zertrümmern.

Die Götterarmee des Schintoismus war ein Produkt aus Fantasie, nationaler Eitelkeit und rassischer Überheblichkeit. Er steht über dem Schrein. Die Ahnen, Götter und Kaiser haben ihn zum Narren gehalten. Die Unbesiegbaren sind untergegangen, lautlos und ohne Wehklagen

Nein, Fuchida wird nicht ein leeres Holzgehäuse zertrümmern. Er kann sich nicht an Göttern vergreifen, die es nicht gibt. Der Schrein bleibt stehen – zur Erinnerung an Aberglauben und nationale Raserei. Ein rotkarierter Kasten hat Millionen zu übermenschlichen Leistungen und Opfern angespornt. Die Götter haben abgedankt.

Die Überreligion des Schintoismus ist zur Mythologie abgesunken. Als überirdische Fabelwesen werden sie in Volksbräuchen noch herumgeistern.

Ihr heilsamer Wind ist verebbt, ihr Segensstrom ist ausgetrocknet.

Fuchida klatscht einige Male in die Hände. Tausend Male hat er es getan, kniend, ehrfürchtig und sich vor Göttern und Ahnen verneigend.

Gestern noch waren sie in Rufnähe, immer gegenwärtig, immer ermunternd und anspornend, immer bereit zu helfen. Nur wie durch einen dünnen Gazevorhang waren Diesseits und Jenseits verbunden. Heute bleibt Fuchida stehen, schaut von oben auf den roten Schrein und schüttelt seinen Kopf.

Die Kapitulation hat das Steuer um hundertachtzig Grad herumgerissen.

Der Nimbus der Unbesiegbarkeit ist zerschlagen, die Großstädte sind zerbombt, die Elite ist gefallen, das Götterheer ist unglaubwürdig geworden, der Ruhm ist vergessen, die Helden zählen nicht mehr.

▮ Nie wieder Pearl Harbor

Mitsuo Fuchida ist in sein Dorf zurückgekehrt und Reisbauer geworden. Das Kriegshandwerk ist verpönt, der Krieg wird verurteilt. Japan kämpft um seine nackte Existenz. Die Alten schweigen, die Jugend wächst heran, ohne alte Ideale, ohne Nationalismus, ohne den Geist der Samurai. Und das ist gut so.

Marschmusik und Säbelrasseln sind verstummt. Kein junger Mensch sehnt sich nach diesen Tönen. Aber wie schnell kann irgendein geschickter Agitator aufstehen und das Gros der Heranwachsenden mit neuen Flötentönen an sich locken.

Fuchida begegnet ihnen – im Dorf und in der Stadt. Sie laufen aneinander vorbei, sie kennen ihn nicht mehr. Sein Name ist Vergangenheit, er ist in Vergessenheit geraten. Er ist darüber nicht traurig.

Pearl Harbor war ein Verbrechen, eine Wahnsinnstat.

Und er hat mit eiserner Energie und grenzenlosem Patriotismus dieses Kapitalverbrechen vorbereiten helfen. Er sieht, wie die Zeitgeschichte weiterrennt. Die Vergangenheit ist schnell vergessen, und er weiß, dass aus der Geschichte selten jemand lernt.

Die Kapitulation war mehr als Pech, war mehr als verspieltes Kriegsglück, es war die verdiente Strafe für eine abscheuliche Tat.

Der Reisanbau befriedigt ihn nicht mehr. Eine ungeheure Last liegt auf seiner Seele. Er war ein irregeleiteter Patriot. Seine Hände haben entscheidend mitgeholfen, den totalen Zusammenbruch heraufzubeschwören. Und jetzt soll er in der Abgeschiedenheit seinen Acker bestellen und Japan seinem Schicksal überlassen? Soll er sich rechtfertigen, wie viele es getan haben, und den militärischen Machthabern den schwarzen Peter zuschieben?

Wer sich rechtfertigt, klagt sich an.

Heute soll er schweigen, wo er jahrelang mit allen Kräften für das unbesiegbare Nippon gefochten hat?

Von sechzig namhaften Offizieren ist er allein am Leben geblieben. Er muss reden – auch wenn sie ihn mundtot machen.

Er muss warnen – auch wenn sie sich die Ohren zuhalten. Und er will die Wahrheit sagen – auch wenn sie unbequem ist. Aber wo liegt die Wahrheit?

In der Stille fängt er an, seine Eindrücke niederzuschreiben. Seinem Volk und der Welt will er den Wahnsinn vom 7. Dezember 1941 ins Gedächtnis rufen. Die Vergangenheit soll nicht zugedeckt, sie muss bewältigt werden.

Der Titel des Buches, das er schreiben will, steht ihm vor Augen: »Nie wieder Pearl Harbor.«

Die Seiten füllen sich. Er befragt Überlebende, Freunde und Feinde. Und dann schreibt er los:

»Ich heiße Mitsuo Fuchida und führte die Bombenstaffel ..., entfesselte die Kriegsfurie, indem ich den ver-

wünschten Befehl Nr. 1 funkte: Ganze Staffel Angriff ...!
Nach dem Krieg und damit nach 25-jähriger Dienstzeit in
der Marine nahm ich meinen Abschied und wurde Land-
wirt. Damit begann ein dornenvoller Weg für mich.

Vier Jahre sind seitdem vergangen, und in diesen vier
Jahren habe ich den ständigen Wechsel der sozialen Ereignisse nur mit kühlem Blick beobachtet. Trotzdem habe
ich mein Vaterland mit seinen Bergen und Flüssen, ohne
Rücksicht darauf, ob es gut oder böse ist, nur weiterlieben
können. Infolgedessen waren meine Gedanken ständig mit
dieser Frage beschäftigt, welches der richtige Weg sein
möchte, auf dem Japan auch weiterhin existieren könnte.
Schließlich kam ich zu dem Schluss, dass der einzige Weg
für die Japaner, um am Leben zu bleiben und wieder zu
gedeihen, der sei, dass jeder einzelne Japaner, ohne Rücksicht auf die Verhältnisse in anderen Völkern, zu einem
friedfertigen Menschen würde.

Mein militärisch geschultes Gehirn sah jedoch in den
gegenwärtigen Verhältnissen die Gefahr eines neuen Krieges und eines zweiten Pearl Harbor. Daher wurde es mein
aufrichtiger Wunsch, die Leute zu warnen. Ich entschloss
mich also, ein Buch in die Welt hinauszusenden unter dem
Titel: »Kein Pearl Harbor mehr«. Beim Schreiben wurde
mir jedoch klar, dass mein Buch zeigen müsste, wie der
Hass in der Menschheit in wahre brüderliche Liebe verwandelt werden könnte.«

Fuchida unterbricht und legt die Feder aus der Hand.
Wo ist die Macht, die Hass und Liebe verwandelt und aus
Feinden Freunde macht?

Er hat Zeit gehabt, über die menschliche Natur nachzudenken. Das Böse steckt wie ein Parasit in ihm und
in allen. Es lässt sich mit schön klingenden Worten
nicht beschwichtigen. Es ist eine unbändige, unsichtbare
Macht, die Kettenreaktionen des Unheils verursachen
kann.

Wenn die Felder ihm Zeit lassen oder starker Regen die Menschen in die Häuser treibt, sitzt Fuchida am Schreibtisch und bringt seine Gedanken zu Papier. Er hat mit die Wege geebnet für Japans Untergang – er wird mithelfen, aus der Misere herauszukommen. »Das Unglück unserer Zeit ist, dass die Menschen nicht mehr fähig sind, richtig zu denken. Sie sind verwirrt von tausend Ismen, hier Gewalt und Schrecken, hier Dummheit und Unverstand. Gewalt und Unverstand gehören eng zusammen wie Krieg und falsches Denken. Wir haben versagt, wir haben die Brutalität mit Heldenmut, Gewalt mit Fortschritt und Hass mit Kraft verwechselt.

Wir haben die Götter als Mittel zum Zweck benutzt, als Feigenblatt für unsere nationalistischen und militärischen Ziele. Der Glaube wurde suggeriert. Die großen Vorbeter waren Heuchler, sie dachten an Hass und nicht an Liebe, und die Anbeter wurden Nachäffer.

Falsche Normen, falscher Glaube, falsches Denken ...«

Und wieder stehen Punkte im Manuskript. Er will nicht niederschreiben, was er nicht selbst lebt und will nicht beschreiben, was er nicht selbst erfahren hat.

Wer ändert das falsche Denken?

Wer stoppt die allzu menschliche Reaktion, die Hass mit Hass, Stahl mit Stahl, Schläge mit Fausthieben und Bomben mit Atombomben beantwortet?

Der Held von Pearl Harbor wird Christ

10

Die Träume des siegreichen Nippon sind ausgeträumt. Der Kaiser hat seine göttlichen Ehren abgelegt.

Das Heer der siegreichen Götter war eine Fata Morgana.

Die schändliche Niederlage hat viele Japaner krank gemacht.

▌ Fuchida lebt auf einem kleinen Bauernhof

Mit seiner Familie fristet er ein bescheidenes Leben. Sein Lebensmut ist angeschlagen. Die Arbeit auf dem Hof lenkt ein wenig ab. Feldern, Tieren und Pflanzen gilt seine Liebe, aber nichts heilt seine verwundete Seele. Bitterkeit und Enttäuschung sitzen tief.

Die Religionen haben versagt. Der Shintoismus, diese aufgeblähte Staatsreligion, hat Junge und Alte betäubt. Es war und ist eine zurechtgezimmerte Attrappe. Sie ist zum kraftlosen Ahnenkult abgesunken. Die falschen Töne sind verstummt. Und was übrig geblieben ist, sind ein paar Riten, sind Priester, die eine schlechte Vergangenheit abstreifen und Dreckflecken retuschieren wollen. Auch dem Buddhismus ist es nicht gelungen, Menschen zu verändern und das Denken umzukrempeln.

Fuchida will nicht vor sich hin vegetieren. Sein Leben soll nicht gleichgültig und leidenschaftslos verlaufen. Er war ein Tatmensch und will es bleiben. Seine Familie, seine Freunde und sein geliebtes Vaterland dürfen nicht in Schwermut versinken.

Aber wer hat die Lösung für einen Neuanfang?

Wer gibt die richtigen Antworten?

Wer beendet den Hass, der die Völker wieder in die Schlacht gegeneinander treibt? Fuchida kann nachts schlecht schlafen. Er grübelt über das Vergangene und findet keine Lösung für das Morgen. Er denkt über seine Rolle nach und über das Verhängnis, das er mit heraufbeschworen hat. Was hat er falsch gemacht? Welche Fehler muss er sich zuschreiben?

Ein Gedanke schält sich ihm immer klarer heraus: Krieg ist ein Verbrechen. Völkerhass ist unmenschlich. Rachsucht treibt zuerst die Armen und Hilflosen ins Elend. Er sieht es in Japan. Auf den Bürgersteigen liegen die tapferen Krieger, die ihr Leben für himmlische und menschliche Götter geopfert haben. Sie haben nichts anzuziehen und hungern. Verzweifelt betteln sie die Passanten an.

Unvorstellbar: Er besitzt einen kleinen Bauernhof. Die Erträge wachsen zunehmend. Seine Familie muss nicht hungern. Er hat die atomverseuchten Menschen in Hiroshima und Nagasaki erlebt, die in Krankenhäusern elend und qualvoll sterben. Er kann nicht vergessen, dass eine übermenschliche Kraft, ein Gott, ihn bewahrt hat und ihn überleben ließ. Wozu?

Ein halbes Jahr später kommt der Tag, der ihm die Antwort auf die gestellten Fragen bringt. Das amerikanische Hauptquartier unter MacArthur hat ihn bestellt, um ihn über den Bombenangriff auf Pearl Harbor zu befragen.

Der Krieg ist zu Ende, und die Amerikaner sammeln Unterlagen, Dokumente und Zeugenaussagen über einen der unglaublichsten Piratenstreiche und Terrorangriffe, die Amerika je erlebt hat.

▮ Ich war japanischer Kriegsgefangener

In einem Bahnhof Tokios schlendert er durch die Bahnhofshalle. Ein christlicher Missionar drückt ihm ein Traktat in die Hand. Die Nachkriegszeit hat die christlichen Missionen in Japan mobilisiert. Überall versuchen sie, Fuß zu fassen. Sie wissen nur zu gut, dass die alten Religionen Japans kapituliert haben. Ihre Priester waren eng mit den Nationalisten verbündet. Die Götter haben eine nationale Katastrophe hinterlassen.

Als Japaner ist er höflich genug, das Papier nicht gleich in den nächsten Papierkorb zu werfen. Vom Christentum weiß er fast nichts. Es ist im Wesentlichen die Religion der Weißen, der Amerikaner. Es waren Japans schlimmste Feinde. Und welche Antwort geben diese Menschen? Bieten sie eine Lösung an, den Graben zwischen verhassten Völkern zu überbrücken?

In der Schule hat er vom Glauben der Weißen gehört. Gegenwärtig soll die Religion im Lande hoch in Kurs stehen – hat er gehört.

Mit den Amerikanern sind Missionare und Prediger ins Land gekommen, die vornehmlich durch die Großstädte ziehen. Er hat davon gelesen, aber ernst genommen hat er das alles nicht. Warum auch?

Hat nicht der weiße Mann zwei Weltkriege entfacht?

Sind die Atombomben nicht von Weißen gebaut und geworfen worden? Zweifellos, Japan hätte die Bomben auch geworfen. Japan hätte keine moralischen Bedenken gehabt.

Er steckt die kleine Broschüre in die Tasche und holt sie in seinem Hotel neugierig wieder hervor.

Wer ändert das falsche Denken? Die Christen?

Das kleine Heft trägt den Titel:

»Ich war japanischer Kriegsgefangener.«

Geschrieben von Jakob DeShazer.

Der Verfasser ist amerikanischer Kampfflieger gewesen und hat beim ersten Luftangriff auf Japan teilgenommen. Das Wort »Kampfflieger« macht Fuchida neugierig.

Ergreifend schildert Shazer seine mehrjährige Haft in japanischen Gefängnissen. Die nie enden wollenden Schikanen, die Hässlichkeiten und Grausamkeiten der Bewacher und den angestauten Hass des Gefolterten, der wie ein Wurm getreten, wie ein Stück Vieh geschlagen wurde und menschenunwürdig untergebracht war.

Und er schildert das, worauf Fuchida seit langem eine Antwort sucht: die Kraft, die ein Leben revolutioniert und das Denken verändert.

Fuchida wird gepackt. Er liest die Broschüre, ohne aufzuhören. Der Mann, der seine Bewacher verflucht und die Japaner zum Teufel gewünscht hatte, wurde Christ. Eine Bibel, die eines Tages in seine Zelle kam, machte einen neuen Menschen aus ihm.

Noch am selben Tag kauft sich Fuchida in einem Geschäft eine Bibel. Er verzichtet auf eine Besichtigungsfahrt, auf eine ehrenvolle Einladung, auf einen Empfang bei MacArthur und schließt sich in seinem Hotelzimmer ein, um die Botschaft der Liebe zu prüfen.

▌ Heute habe ich mein Leben Jesus Christus übergeben

Und dann findet er die Antwort. Es ist keine Kraft, kein Trick, keine Suggestion, kein Mittel und keine Weisheit. Es ist der lebendige Gott in Jesus Christus, der lieber Unrecht trug, als Unrecht zuzufügen, der die Menschen liebte, ohne auf Hautfarbe, Geldbeutel, Nationalität und Einfluss zu sehen. Er findet die Wahrheit, aber anders als er sie sich vorgestellt hat.

Die Verhöre durch den amerikanischen Geheimdienst dauern einen Tag, und er kehrt auf dem Heimweg in sein Dorf zurück als neuer Mensch. Im Zug liest er die Zeitung, und irgendwo versteckt findet er eine kleine Notiz über eine christliche Massenveranstaltung in Osaka. Die Stadt liegt auf seiner Strecke. Auch an diesem Tag findet ein Vortrag in Osaka statt. Er faltet die Zeitung zusammen. Sein Entschluss ist gefasst. Er steigt aus und steht am Abend in einer riesigen Menschenmenge. Am Mikrofon steht ein Weißer. Tausende drängen sich auf dem freien Platz zusammen. Nur wenige Christen sind darunter. Ein kleiner Chor, der aus jungen Männern und Mädchen besteht, singt.

Die Polizei hat Mühe, den Verkehr an der Menschenmenge vorbeizuleiten. Noch sind die Amerikaner Herren des Landes und räumen den Verkündigern viele Chancen ein.

Fuchida steht am Rand und hört die Botschaft der Christen. Es sind vor allem Jugendliche, die da zusammenstehen. Sie rackern sich Tag für Tag ab, versuchen ein zerstörtes Land wieder auf die Beine zu bringen – und wofür?

Die Religionen haben ihre Zugkraft verloren. Die alten Ideale sind verstaubt, und für ein sittliches Leben gibt keiner mehr einen Pfennig.

Der Mann am Mikrofon sagt:

»Schon morgen vielleicht ist Japan wieder der erste Industriestaat Asiens. Es kann führen, und es wird führen. Japan ist das einzige Land, das mit zwingender Autorität den Westen und den Osten ansprechen kann. Der Westen hat Japan jetzt in Asien viel nötiger als Japan den Westen, denn die ganze Welt weiß, dass Asien entweder von Japan den richtigen oder von jemand anderem den falschen Weg geführt wird. Die Sowjetunion hört auf Japan, China respektiert Japan. Es sollte zum Leuchtturm und nicht zur Brandfackel Asiens werden.«

Viele junge Leute klatschen.

Fuchida verfolgt Wort für Wort.

»Aber wenn der Glaube fehlt, ist euer Land wie der schönste Körper ohne Seele – nämlich ein Leichnam. Wenn uns der Kommunismus in Asien nicht fressen soll, brauchen wir eine Revolution, die ganz klein anfängt, in unserem Herzen. Wer sich Gott ausliefert, reiht sich in die Zahl der Revolutionäre ein. Wer Jesus Christus nachfolgt, hilft mit, die Welt zu verändern ... Drei Dinge dazu sind wichtig: Du musst täglich in der Bibel lesen und auf Sein Wort hören. Du musst täglich mit Gott im Gebet sprechen. Und du musst schließlich vor aller Welt Zeugnis von deinem neuen Glauben an Gott ablegen. Alle Theorie ist gut, die Praxis ist besser. Christus mit dem Verstand begreifen ist gut, ihn im täglichen Leben bezeugen ist besser.«

Und dann wagt der Redner es, die Menschen aufzufordern, eine solche Entscheidung zu treffen, hier und heute, den ersten Versuch zu wagen. Vor Gott und vor Zeugen kann der Beschluss bekräftigt werden.

Bewegung kommt in die Tausende. Und dann geschieht es in Osaka: Arbeiter und Studenten, Mütter und junge Mädchen gehen nach vorn, um den Beschluss heute und hier im Namen des gepredigten Gottes zu vollziehen. Menschen, die nie über Jesus ernsthaft nachgedacht haben, stellen sich vor dem Podium auf. Vor Freunden und Bekannten, Eltern und Verwandten wollen sie ihren Schritt bezeugen. Fuchida zögert. Er kneift seine Lippen zusammen. Der Mann hat Recht, aber vor Tausenden ein Schuldbekenntnis ablegen, seine Sünden bekennen und Ernst machen? Seinen Hass hat er preisgegeben, seinen fanatischen Nationalismus, seine Eitelkeit, seine rassische Erwählung und, und ...

Einen Augenblick schießt es ihm durch den Kopf:

»Du hast vor Pearl Harbor vor aller Welt den Kopf hingehalten und willst nun vor diesen paar tausend Leuten schweigen? Du bist überzeugt, dass der Gott der Liebe stärker ist als der Kriegsgott ›Hachiman‹ und hast nicht den Mut, es den Menschen in Japan zu sagen?«

Und dann steht der ehemalige Geschwaderchef auf dem Podium. Er geht nahe ans Mikrofon und sagt:

»Ich bin Mitsuo Fuchida, der den Bombenangriff auf Pearl Harbor geleitet hat. Heute habe ich mein Leben Jesus Christus übergeben ...«

Einen Augenblick herrscht atemlose Stille, dann klatschen Tausende. Viele schweigen, andere schauen sich überrascht an. Auf dem Schreibblock kritzeln hastig die Reporter.

Und am andern Tag hat Japan seine Sensation.

Auf den ersten Seiten mit fett gedruckten Schlagzeilen lesen es Millionen von Japanern:

»Mitsuo Fuchida ist Christ geworden.«
»Der Held von Pearl Harbor wird Christ.«

Fuchida hielt Wort. Sein Zeugnis in Osaka blieb kein Lippenbekenntnis.

Der Mensch lebt nicht vom Brot allein

Die Entscheidung für Christus ist gefallen. Der erste Begeisterungssturm hat sich gelegt. Die Vernunft hat wieder das Sagen. Eine Kehrtwendung hat im Kopf stattgefunden. Aber der ganze Mensch ist noch nicht in Bewegung. Der ehemalige Berufssoldat steckt ihm noch in allen Poren. Immer wieder wird er hin- und hergerissen, wenn er Berichte des amerikanischen Kriegsverbrecher-Tribunals in Japan liest. Die Bitterkeit ist noch nicht besiegt. Die Enttäuschung über die nationale Katastrophe ist noch nicht abgeklungen.

Es lässt ihm keine Ruhe, ob nicht auch die Amerikaner Gräueltaten an japanischen Kriegsgefangenen verübt haben. Japanische Gräueltaten an Amerikanern kennt er zur Genüge. Die Zeitungen sind voll davon. Sind die Feinde wirklich anders? Fuchida will den Beweis.

▍ Engel der Gefangenen

1947 liest er von 150 Gefangenen, die von den Vereinigten Staaten von Amerika nach Japan zurückkehren sollen. Er beschließt, sie aufzusuchen und zu interviewen. Von ihren eigenen Lippen will er die Schandtaten hören. Er macht sich auf den Weg in das Lager Uraga, im Hafen in der Nähe von Yokosuka. Fuchida erhält die Erlaubnis, die Gefangenen im Lager zu besuchen.

Plötzlich entdeckt er unter den Gefangenen einen Mann, ziemlich größer als der Rest. Es ist ein bekannter Offizier – Unterleutnant Kazuo Kanagasaki, ein ehemaliger Kriegskamerad während der Schlacht im Indischen Ozean. Er war Ingenieur und Offizier auf dem Flugzeugträger *Hiryu*. Fuchida weiß genau über ihn Bescheid und erzählt ihm, dass er zu Hause als vermisst gilt und für tot erklärt wurde. Auf dem Friedhof von Tokio sei ein Grabstein ihm zu Ehren errichtet worden. Der ehemalige Kriegskamerad kann sich ein Lächeln kaum verkneifen. Außerdem erfährt Fuchida, dass Kanagasaki bei der Gefangennahme einen falschen Namen angegeben hat. Die Angst vor den Amerikanern war damals enorm.

Kanagasaki fasst Vertrauen zu Fuchida und erzählt wahrheitsgemäß über sein Leben. In San Diego, wo er als Gefangener gelandet war, hat er einen Selbstmordversuch unternommen. Er will die Schande als Japaner nicht mittragen. Aber die Lagerärzte haben ihn sofort mit Injektionen behandelt, mit Vitaminen und Nahrungsmittelkonzentraten gefüttert. Dann bestellten sie einen japanischen Pastor aus Los Angeles, der das Lager besuchte und Kanagasaki liebevoll überredete zu essen und für sein Leben zu danken. Kanagasaki gesteht, er sei von dieser menschlichen Hilfe überrascht worden.

Fuchida ist sprachlos. Er hat Verbrechen in amerikanischen Gefangenenlagern erwartet. Doch dann erzählt ihm Kanagasaki eine noch unglaublichere Geschichte.

Sofort nach Kriegsende ist eine junge Amerikanerin ins Lager gekommen, eine freiwillige Sozialarbeiterin. Sie ist von morgens bis abends im Lager – mit unermüdlicher Kraft und Freundlichkeit. Ihr Name ist Margret Covell. Die Männer im Lager, die Gefangenen, nennen sie Peggy, genau wie ihre amerikanischen Freunde. Sie spricht kein Japanisch, aber die Gefangenen haben inzwischen genügend Englischkenntnisse gesammelt, um mit ihr zu kommunizieren. Sie kommt zu jedem, dem es nicht gut geht, der körperliche oder seelische Probleme hat oder dem sie irgendwie helfen kann. Mit ihrer bewussten Fürsorge überzeugt sie alle Gefangenen.

»Warum sind Sie so freundlich zu uns?«, fragen sie viele japanische Gefangene.

»Weil japanische Soldaten meine Eltern umgebracht haben«, antwortet sie. Als die Gefangenen sie fassungslos anstarren, hat sie geantwortet, dass ihre Eltern Missionare in Yokohama gewesen seien. Kurz vor Ausbruch der Feindseligkeiten seien die Covells nach Manila gebracht worden. Als die Japaner die Stadt eroberten, seien ihre Eltern in die Berge geflohen. Sie waren in Besitz eines kleinen Radios. Die Japaner hielten das Gerät für einen Geheimsender und hätten daraufhin die Eltern enthauptet.

Peggy, die in den Vereinigten Staaten aufwuchs, wusste nichts vom Schicksal ihrer Eltern, bis das Kriegsende kam. Zunächst hätte sie die Japaner gehasst. Aber dann hätte sie über den selbstlosen Dienst ihrer Eltern in Japan nachgedacht. Sie sei allmählich zu der Überzeugung gelangt, dass ihre Eltern den Mördern vor ihrem Tod vergeben hätten. Könnte sie da heute anders handeln? So habe sie sich entschlossen, freimütig mit japanischen Kriegsgefangenen zu arbeiten. Ihr Beispiel an christlicher Nächstenliebe und Güte habe viele Gefangene tief beeindruckt. Viele Gefangene dächten gern an diese Erfahrungen zurück.

Fuchida ist wie vom Donner gerührt. Die Untersuchungen beschämen ihn.

»Diese wunderbare Geschichte überwältigt und beschämt mich!«, reflektiert er. Er ist nach Uraga gekommen, mit Hass in seinem Herzen. Was er findet, ist Güte, die er kaum begreifen kann. Immer wieder fragt er sich: »Was gibt diesen Menschen Kraft, solche Liebe auszustrahlen? Was hindert sie, Rache mit Vergebung zu überwinden?«

Fuchida ist in der japanischen Tradition aufgewachsen. Rache gehört zum wahren japanischen Leben. Das japanische Wort für Rache heißt *katakiuchi*, und es bedeutet,

»den Feind anzugreifen«. Fuchida glaubt an das Prinzip des *katakiuchi*.

Trotzdem bringt ein junges amerikanisches Mädchen, eine Christin, seine unstillbaren Rachegefühle zum Schweigen.

Wieder ein Schritt auf dem Weg, eingefleischte Traditionen über Bord zu werfen. Wieder ein Schritt auf dem Weg, mit der bedingungslosen Kapitulation Japans fertig zu werden.

Wieder ein Schritt auf dem Weg, eine Antwort zu finden auf die Frage: »Wie können Menschen und Völker ohne Hass- und Rachegefühle friedlich zusammenleben?«

▮ Die Begegnung mit Jacob DeShazer

1948 begegnet Fuchida bei seinem Besuch des amerikanischen Historikers Gordon W. Prange in Tokio, der während der Besatzung Japans unter MacArthur die historische Sektion betreute, dem ehemaligen amerikanischen Flieger Jacob DeShazer.

Neben einer Statue verteilt ein Mann kleine Broschüren. Fuchida wirft einen flüchtigen Blick auf die Schrift und liest arglos: »Wata Kushi wa nippon no horyo deshita.« (Ich war Gefangener der Japaner.) Die kleine Schrift reizt ihn. Er bleibt interessiert stehen und überfliegt die wenigen Seiten. Die Geschichte beginnt mit Pearl Harbor; erzählt wird, wie ein amerikanischer Feldwebel Christ wird – in einem japanischen Gefangenenlager. Fuchida ist angerührt und will mehr von DeShazer wissen. In Tokio sucht er einen Buchladen auf und findet tatsächlich ein Buch von DeShazer auf Japanisch. Während er sich eine Woche bei dem Historiker Prange aufhält, liest er dieses kleine Buch zu Ende.

DeShazer hat über den verruchten Angriff der Japaner auf Pearl Harbor gehört und ist hassentbrannt auf die schlitzäugigen Japaner. Einen Monat später meldet er sich als Freiwilliger für eine gefährliche und geheime Mission. Kein Einziger, der sich für den geheimen Auftrag gemeldet hat und auf den Flugzeugträger *Hornet* verfrachtet wurde, ahnt, was für ein Ausflug auf sie wartet. DeShazer ist Bomberpilot, und seine Maschine mit der Nummer 16 ist von Anfang an ein Unglücksgefährt. Auf seinem Flug nach Japan macht ihm ein Loch in der Kanzel seines Flugzeugs zu schaffen. Er ist gezwungen, die Geschwindigkeit zu drosseln und verbraucht mehr Benzin. Zuletzt fängt das Flugzeug an zu trudeln. Die ganze Mannschaft kann sich mit Fallschirmen retten und landet in China in einem Gebiet, das von Japanern besetzt ist. Die Japaner fassen ihn und bringen DeShazer mit seinen Männern nach Tokio zum Verhör. Von dort wird er nach Shanghai transportiert, wo er sich vor Gericht verantworten muss.

DeShazer verbringt die meiste Zeit seiner Gefangenschaft in verschiedenen Lagern in China. Die Gefangenschaft ist schrecklich. Er und andere Gefangene werden vom Wachpersonal geschlagen, gequält und gefoltert. Die Nahrung besteht aus Hungerrationen, viele leiden ernstlich an Unterernährung und Krankheiten. DeShazers Hass auf die Japaner wächst und steigert sich bis zur Qual.

Allmählich fragt er sich aber, warum so viel Hass und Feindseligkeit in der Welt herrschen, besonders zwischen Amerikanern und Japanern. Er wird immer unglücklicher über seinen Hass. Da erinnert er sich an seine christliche Erziehung. Mutter und Stiefvater haben als Christen gelebt und ihn angehalten, Gottes Maßstäbe ernst zu nehmen. Nach zwei Jahren Gefangenschaft ist DeShazer verzweifelt, heimwehkrank, und er hungert nach einer Bibel. Er weiß, dass sich eine Bibel im Lager befindet. Sie zirkuliert unter den Gefangenen. Aber sie ist heiß begehrt, und er muss sich anstellen, um eines Tages an die Reihe zu kommen.

Schließlich hält er die Bibel in der Hand. Drei Wochen darf er sie behalten. Die kurze Zeitspanne bedrückt ihn. Aber DeShazer macht sich daran, sie schnell und doch gründlich zu lesen. Einige Passagen lernt er auswendig. Er liest und betet. Die Worte der Schrift revolutionieren sein Innerstes. Er liest und wird Christ.

DeShazer, der zur Bibel zurückfindet, ist nicht mehr derselbe, der er einmal war. Seine Bekehrung ist vollkommen. Er verspricht seinem Gott: »Wenn ich hier heil und gesund herauskomme, werde ich als Missionar nach Japan zurückkehren.«

Das Ende des Krieges überlebt DeShazer und er wird in die Vereinigten Staaten zurücküberführt. Sofort macht er sein Versprechen wahr und beginnt ein theologisches Studium. Er will Missionar werden. Als er sein Diplom erhalten hat – inzwischen ist er verheiratet und seine Frau und er erfreuen sich an einem Sohn – fährt er mit einem Schiff nach Japan und lässt sich in Osaka nieder.

Mitsuo Fuchida liest die bemerkenswerte Geschichte mit großer Anteilnahme. Schon der Bericht über Peggy Covell hat ihm Tränen in die Augen getrieben. Es ist kein Zufall, dass er diese Begegnung mit einem außergewöhnlichen Menschen macht. Jedes Mal sind es Menschen, die den Hass mit Liebe überwinden. DeShazer ist auch ein zäher Bursche und ein hasserfüllter Nationalist. Fuchida kennt die Art gut und kann sich mit ihm identifizieren. Er beschließt, die Bibel gründlich zu lesen, um herauszufinden, »wie es sich also verhielt«. Noch ist er nicht so weit, um das Christentum im Kern zu erfassen, er will zunächst einmal DeShazer verstehen.

▌ Der Mensch lebt nicht vom Brot allein

Der amerikanische Historiker Prange, den Fuchida des Öfteren besucht, hat nur eine Bibel in englischer

Sprache zur Verfügung. Als Fuchida von ihm nach Kashiwara, seinem Heimatort, zurückkehrt, will er eine Bibel in japanischer Sprache erwerben. Auf dem Weg hofft er noch, dem jungen Amerikaner zu begegnen, der ihm die kleine Schrift über DeShazer gegeben hat. An Stelle des Amerikaners begegnet ihm im Buchladen ein junger Japaner, etwa im Alter von 30 Jahren, der einen schwarzen Anzug trägt. Er steht neben einigen Bücherregalen und stapelt Bücher aufeinander.

»Der Mensch lebt nicht vom Brot allein!«, sagt er sehr deutlich und schaut Fuchida an. »Nehmen Sie sich eine Bibel und Sie haben Nahrung für Ihre Seele!« Der Mann in Schwarz stachelt ihn an. Wieder ein merkwürdiges Zusammentreffen.

Fuchida deutete es selbst als ein übermenschliches Zeichen und kauft die Bibel in Japanisch. Als er mit dem Zug zurückfährt, blättert er im Neuen Testament, das er für 40 Yen erstanden hat. Fuchida ist über den Preis erstaunt, sind doch alle Dinge in Japan sonst sehr teuer. Es kommt ihm merkwürdig vor, im Zug die Bibel zu lesen. Er steckt sie in eine Seitentasche und nimmt sich vor, sie zu Hause zu studieren. Das Unglaubliche geschieht: sie bleibt neun Monate unangetastet liegen.

An einem Morgen im Juni 1949 erregt ein Zeitungsartikel Fuchidas Interesse. Der Artikel auf der Titelseite ist überschrieben: *Tensei Jingo*. Frei übersetzt heißt es etwa: eine himmlische Stimme spricht in einer menschlichen Stimme. An diesem besonderen Tag spricht ein berühmter Schriftsteller und gleichzeitig Christ, Hakucho Masamune, der den Bericht verfasst hat. Er widmet diesen Artikel der Bibel. Er schreibt, dass kein Buch in der Welt mit ihr verglichen werden kann. Wenn ein Mensch der westlichen Welt auf eine einsame Insel verbannt würde, und er könnte nur ein Buch mitnehmen, dieser Mensch würde die Bibel wählen. Der Schriftsteller bittet alle Japaner, die Bibel für sich selbst zu lesen.

»Bitte, lesen Sie nur 30 Seiten irgendwo in der Bibel«, schreibt er, »und Sie werden zweifelsfrei das finden, das ihr Herz berührt.«

Fuchida verdaut diesen Artikel zusammen mit seinem Frühstück. Sicherlich, dies ist die himmlische Stimme, denkt er bei sich. Normalerweise wirft er nur einen flüchtigen Blick auf die Überschriften. An diesem besonderen Morgen liest er die ganze Zeitung gründlich, besonders den Beitrag von Masamune. Er deutet es selbst als einen Warnschuss Gottes, das Lesen der Bibel aufgeschoben zu haben. Der Schriftsteller hat Fuchida so motiviert, dass er sich vornimmt, das vernachlässigte Neue Testament gründlich zu lesen. Jeden Tag studiert er drei Kapitel, immer zur gleichen Zeit. Als wenn er einen Schlachtplan ausarbeitete, so ernsthaft und gewissenhaft macht er sich die Botschaft von Jesus Christus zu Eigen, bevor er weiterliest.

Fuchida liebt es, seine Bibel außerhalb des Hauses zu lesen. Der Garten ist sein liebster Ort. Gewöhnlich sitzt er hier im kühlen und schattigen Garten, und eine leichte Brise weht hindurch. Nur eine schreckliche Sirene unterbricht hin und wieder seine stille Zeit. Er hat sich ein Instrument mit 5 oder 6 Tonarten gekauft. Es wird benutzt, um die Familie zum Essen und zu außergewöhnlichen häuslichen Ereignissen zusammenzurufen. Die Töne sind so durchdringend, dass sie jeden Winkel des Bauernhofes erreichen. Sie geben nicht nur der Familie ein Zeichen, sondern auch die Tiere hören die Botschaft. Sogar der deutsche Schäferhund, der Lity gerufen wird, rennt zur Tür und bellt. Auch die vier Ziegen halten inne, rennen und blöken bis zum Haus.

Als Fuchida zum ersten Mal das Neue Testament durchliest, beeindrucken ihn die moralischen Passagen am meisten. Die Bergpredigt schlägt eine besondere Saite in ihm an. Die Wunder dagegen sind für ihn schwierig und unverständlich. Da ist zunächst die Jungfrauengeburt, mit der er große Probleme hat. Dann das Wandeln von Jesus auf dem See. Schließlich die Speisung der 5000 Männer mit ein paar Broten und ein paar Fischen. Unbegreiflich, dass er Kranke heilt und dass er selbst nach seinem Tod aus dem Grab wieder aufersteht. Fuchida beschließt, ein offenes Ohr zu behalten, und klappt das Buch zu.

In späteren Jahren ist Fuchida überzeugt, dass die Wunder geradezu die Grundlage des Christentums sind, Prüfstein des Glaubens. Er beobachtet, dass viele Menschen, die sich von der biblischen Philosophie angezogen fühlen, sich dagegen von vielen unbeschreiblichen Ereignissen abgestoßen fühlen. Entscheidend für die ethischen Aspekte des Christentums sind die Fleischwerdung von Jesus Christus, die Auferstehung und die Himmelfahrt.

Anfang September 1949 stößt Fuchida auf das Evangelium des Lukas, besonders auf das 23. Kapitel. Zum ersten Mal liest er mit wirklicher innerer Aufgeschlossenheit die Geschichte der Kreuzigung. Bis dahin hatte er nur eine vage Vorstellung, dass Jesus ans Kreuz genagelt wird, aber die Einzelheiten sind und bleiben ihm unbekannt. Die Begebenheiten auf Golgatha wühlen seinen Geist auf. Mitten in dem Entsetzen spricht Christus die einmaligen Worte: »Vater, vergib ihnen; denn sie wissen nicht, was sie tun!« (Lukas 23,34). Es fällt ihm wie Schuppen von den Augen: Genau das sind die Worte, die Peggy Covell und DeShazer die Kraft geben, Hass in Liebe zu verwandeln. Gleichzeitig erinnert er sich, dass Peggys Eltern vor ihrer Enthauptung genau dieses Gebet der Vergebung gesprochen haben. Der knallharte Kriegsheld hat Tränen in den Augen. Wieder ist ein Wunder geschehen.

Da hängt Jesus am Kreuz, und er betet nicht nur für seine Verfolger, sondern für alle Menschen. Und das bedeutet in der Tat: er betet und stirbt auch für Fuchida, einen japanischen Christen im 20. Jahrhundert.

Als Fuchida das Evangelium des Lukas zu Ende gelesen hat, ist ihm unzweifelhaft bewusst, dass er Christus als seinen persönlichen Herrn und Heiland angenommen hat. Die Angst, sich vor Freunden und Kameraden zu blamieren, ist verflogen, die gedrückte Stimmung hat sich aufgehellt, Gefühle der Verzweiflung flauen ab, er sieht Licht am Ende eines dunklen Tunnels. Je mehr er liest, desto gewisser wird er.

Einen schwer wiegenden Haken hat allerdings seine innere Umwandlung: er bespricht sein Bibelstudium und seine Umkehr mit keinem Menschen – weder mit seiner Frau noch mit seinen Kindern, auch nicht mit seinen Freunden. Im Rückblick drückte er es so aus:

»Ich hatte keine Freunde. Was ich dachte und überlegte, geschah ausschließlich in mir selbst. Ich hatte niemand, mit dem ich über meine Erfahrungen hätte sprechen können. Ich war allein. Wenn ich auf dem Feld arbeitete, dachte ich an Gott. Ich pries den Schöpfer, seine Wunder, seine Jahreszeiten und wie er die Pflanzen wachsen ließ. Ich habe eine neue Stufe meines Lebens erreicht: ich weiß um Christus.«

Die Arbeit auf dem Hof geht weiter. Und doch hat sich einiges geändert. Das Klima ist entspannter. Seine Stimme klingt gelöster. Seine Bewegungen und Schritte spiegeln Dynamik wider. Die Wandlung erfasst allmählich den ganzen Menschen. Haruko wird angesteckt. Sie empfindet die Veränderung – nur was im Herzen von Mitsuo vorgeht, weiß sie nicht.

Du musst ein Zeuge werden!

Fuchida ist noch nicht frei, sein Christsein öffentlich zu bezeugen. Er liest die Bibel für sich und betet regelmäßig. Seine Shinto-Freunde sind immer noch überzeugt, dass er dem alten Glauben der Väter anhängt. Nein, er hat nicht öffentlich mit dem Shinto-Glauben gebrochen.

Für Fuchida ist es nicht einfach, den christlichen Glauben zu bekennen. Schließlich ist das Christentum die Religion des ehemaligen Feindes und die Religion der Besatzer. MacArthur, der verantwortliche amerikanische Offizier für die Besatzung in Japan, unterstützt die verschiedenen missionarischen Aktivitäten. In den Augen vieler Japaner ist diese Politik ein hinterhältiger Versuch, die nationale Identität Japans zu schwächen. Auf der anderen Seite ist den Japanern die Religion der Feindesliebe und der Vergebung völlig fremd. Fuchida steckt voller Angst, wenn er daran denkt, öffentlich seinen Glauben zu bekennen. Die Japaner werden ihn als einen Verräter, als einen Opportunisten und Feigling hinstellen. Das ist auch der Grund, dass er seinen Glauben vor der eigenen Familie bisher geheim gehalten hat. Fuchida selbst spürt den Zwiespalt. Er ist glücklich, weil er Christus gefunden hat, und gleichzeitig unruhig, weil er wie ein Fisch stumm bleibt. Er betet um Kraft, aber der Mund bleibt geschlossen. Einige Male hat er einen Anlauf genommen, aber beim Sprung er-lahmen die Kräfte. Fuchida wirkt wie ein Tiger im Käfig. Leben und Kraft sind zurückgekehrt, aber die klare Richtung fehlt. Wie kommt er aus dieser Sackgasse heraus?

Fuchida erinnert sich an die kleine Schrift von DeShazer. Auf der Rückseite des Traktates vermutet er die Anschrift des Missionars. Aber ein anderer Name, Timothy Pietsch, wird als Anschrift angegeben. Er wohnt in Osaka, leitet ein evangelistisches Radioprogramm und wird haufenweise mit Briefen von japanischen Bürgern eingedeckt. Obwohl er sehr beschäftigt ist, lädt er Fuchida zum Gespräch in sein Hotel ein.

▌ Gottes Mühlen mahlen langsam, dafür aber trefflich fein

Im April 1950 ist es endlich so weit. Fuchida trifft mit dem Evangelisten Pietsch im Hotel zusammen. Pietsch hat einen Übersetzer mitgebracht. Fuchida erkennt in ihm den jungen Mann, der ihm beim Besuch des amerikanischen Historikers ein Traktat von DeShazer in die Hand gedrückt hat. Glenn Wagner, der Hauptverantwortliche in Japan für den Taschen-Bibel-Bund, eröffnet das Gespräch und konzentriert sich sofort auf die Grundlagen des christlichen Glaubens. Er gehört zu den Missionaren, die gleich mit der Tür ins Haus fallen. Das Drumherum-Reden ist ihm fremd. Er liebt die geistliche Konfrontation.

»Haben Sie Christus als Ihren Erlöser angenommen und bekennen Sie Ihre Sünden?«

Die geistliche Herausforderung verschlägt dem Japaner die Sprache. Fuchida antwortet mit einem Anflug von Ungeduld.

»Ich habe Christus als meinen Retter im September 1949 angenommen, als ich mein Bibelstudium zu Hause beendete. Zu der Zeit habe ich auch ernsthaft meine Sünden bereut, heute bin ich hier, um herauszufinden, wie ich ein wirklicher Christ werden kann.«

Dem Missionar liegt es nicht, solche Aussagen lange zu hinterfragen. Er weiß selbstverständlich, wer Fuchida ist, und hat keinen Anlass, ihm zu misstrauen. Es geht sehr schnell. Wagner beugt seinen Kopf zu einem kurzen Gebet und bittet Gott um seinen Segen. Dann wendet er sich an Mitsuo Fuchida, indem er seinen Stuhl ein wenig näher an ihn heranrückt.

»Sie müssen drei Dinge tun. Erstens: Sie müssen jeden Tag Ihre Bibel lesen. Sie ist die Nahrung für Ihr geistliches Wachstum. Gott spricht zu Ihnen durch die Bibel. Und Sie sollen zu ihm sprechen. Sie tun dies im Gebet. Das führt mich zum zweiten Punkt: Sie müssen jeden Tag beten, um die Verbindung mit dem lebendigen Gott aufrechtzuerhalten.«

Fuchida unterbricht ihn.

»Diese Dinge tue ich seit vorigem Jahr im September. Ich lese regelmäßig die Bibel und bete zu Gott.«

Wagner nickt und greift einen dritten Punkt auf. Fuchida ahnt, was jetzt kommt. In Kopf und Herz rast das Blut. Wagner spürt, dass hier in Fuchidas Leben die Schwachstelle sitzt.

»Sie müssen ein Zeuge für die Wahrheit werden. Sie müssen zu den Menschen gehen, um zu bezeugen, dass Sie ein wiedergeborener Christ sind. Japan muss es wissen, hier steht ein verwandelter Mensch.«

Fuchida windet sich.

»Das wird äußerst schwierig werden«, wirft Fuchida ein und erklärt dem Amerikaner seine spezielle Situation.

»Ich will gern weiterhin regelmäßig meine Bibel lesen und beten, aber ein öffentliches Zeugnis kann ich nicht geben.«

Wagner ist direkt, aber er weiß, wo die Überredung beginnt. Ruhig nimmt er sich zurück und bleibt gelassen.

»Ich verstehe sehr gut Ihre Gefühle«, antwortet Wagner, »und ich möchte Sie auch nicht bedrängen, öffentlich Zeugnis zu geben. Setzen Sie Ihr bisheriges Leben als Christ fort, beten Sie und lesen Sie regelmäßig die Bibel.«

Wagner ist sich seiner Sache sicher. Er lächelt und ergänzt: »Vielleicht geben Sie Zeugnis Ihrer eigenen Seele, und Sie werden erleben, dass Ihr Glaube wächst.«

Wagner weiß, dass er nicht alle Register ziehen muss. Eine wirkliche Umkehr ist ein Geschenk Gottes, sie kann niemals eine rhetorische Leistung eines Evangelisten sein.

Beide verabschieden sich. Fuchida kehrt nach Kashiwara zurück mit einem Stachel im Herzen.

▋ Das erste öffentliche Zeugnis

Auf der Bahnfahrt zurück zum Hof grübelt Fuchida über die letzten Sätze Wagners nach. Ihm wird klar, dass sein Wunsch, den Glauben heimlich zu leben, eine Ausflucht bedeutet. Er spürt, dass Gott durch Wagner zu ihm gesprochen hat. Ihm geht auf: »Ich bin wirklich wiedergeboren, ich bin nicht länger der alte Kapitän Fuchida der kaiserlichen Marine.«

Ein zwiespältiges Leben kann er nicht führen. Ihm wird bewusst, wie seine Energien kraftlos verpuffen.

Am nächsten Bahnhof steigt er aus und fährt mit einem anderen Zug zurück zu Wagner und seinen Mitarbeitern.

Die neuen Freunde nehmen Fuchida in ihre Mitte und ermutigen ihn, noch an diesem Tag mit ihnen zusammen öffentlich ein Zeugnis zu geben. An diesem Tag soll das Evangelium des Johannes in japanischer Sprache an Passanten verteilt werden. Wie in einem unsichtbaren Netz fühlt sich Fuchida gefangen und mitgezogen. Die inneren Widersprüche werden geringer. Die Zerrissenheit ebbt ab. Die Freude triumphiert über die Angst.

Die Gruppe um Wagner mit Fuchida macht sich auf den Weg, um in Osaka an einer Brücke über den Yodogawa-Fluss Evangelien des Johannes zu verteilen. Ein amerikanischer Pastor wird jeweils von einem Japaner übersetzt. Hin und wieder bleiben kleine Gruppen stehen, hören einen Augenblick zu und gehen weiter.

Nach einer Stunde zwinkert ein amerikanischer Mitarbeiter Fuchida zu, doch selbst das Mikrofon in die Hand zu nehmen. Die Zeit ist gekommen. Das Zögern und die Furcht haben ein Ende. Mutig und innerlich bereit springt Fuchida auf das Podium und beginnt:

»Ich bin Mitsuo Fuchida, ein ehemaliger Kapitän der kaiserlichen Marine, der den Luftangriff gegen Pearl Harbor am 7. Dezember 1941 anführte. Aber jetzt bin ich Christ geworden, und jetzt möchte ich Ihnen erzählen, wie das geschehen konnte. Ich bin ganz sicher: alle Japaner wünschen Frieden. Kein Mensch wünscht wieder Krieg. Viele Jahre lang war ich Marineoffizier und am Krieg interessiert. Jetzt will ich für den Frieden arbeiten. Aber wie kann die Menschheit Frieden erlangen? Einen wahren Frieden im Herzen und in der Gesinnung und zwischen den Menschen kann nur allein Jesus Christus geben.«

Jetzt ist es raus. Fuchida hat seinen Weg gefunden. Der Mut zum Zeugnis hat die Angst überwunden. Völlig ungewiss ist die Reaktion im Land. Viele Menschen, die zufällig vorbeikommen, bleiben erstaunt stehen. In ihren Augen kann Fuchida ein tiefes Interesse erkennen. Während er spricht, wächst die Gruppe der Zuhörer ständig. Wie hypnotisiert schauen sie zu ihm hinauf und schenken ihm angespannte Aufmerksamkeit. Da steht der ehemalige Held von Pearl Harbor auf einem amerikanischen Wagen. Sein Gesicht ist allen Japanern vertraut. Er ist älter und reifer geworden. Was er sagt, ist eine kleine Revolution. Einige schütteln verwundert ihren Kopf, andere drängen sich näher ans Auto heran. Die Botschaft aus seinem Mund ist unglaublich.

Die Menge wird immer größer, und Fuchida verliert alle Schüchternheit. Er empfindet großes Glück im Innern, außerdem stellt er fest, dass er in der Lage ist, ein großes Publikum anzusprechen.

Enthusiastisch spricht er über seine Bekehrung. Er umreißt seine Kriegskarriere und erklärt den Zuhörern seine Gefühle, als er die Rede des Kaisers hörte, mit der Ausrede für zukünftige Generationen. Die Schar der Zuhörer wird so groß, dass Brücke und Straße vollständig blockiert sind. Spezialpolizisten kommen, um den Verkehr zu regeln, aber sie lassen es sich auch nicht nehmen, interessiert zuzuhören. Das erste Zeugnis Fuchidas, dass er einer unerwartet großen Zuhörerschaft gegeben hat, gibt ihm emotionalen Aufschwung und ist wie ein Stapellauf für seine Karriere als Evangelist zum Ruhm Gottes.

Anstatt den Ort des Geschehens nach der Ansprache zu verlassen, klebt eine große Menschenmenge am Podium, das auf der Ladefläche eines Autos montiert ist. Bis in den Abend hinein umgeben sie Fuchida, der immer wieder neu gefordert wird, sein Zeugnis zu wiederholen.

Seine neuen Partner gratulieren ihm herzlich, und sie haben allen Grund dazu. Die Veranstaltung hat den gesamten Verkehr im Hauptgeschäftsviertel von Osaka lahm gelegt. Ausgerechnet in der Zeit, als sich Arbeiter und Angestellte in Betrieben auf den Heimweg machen.

General MacArthur, der die missionarischen Aktivitäten seiner Landsleute in Japan unterstützt und von diesem großartigen Ereignis in Osaka gehört hat, beglückwünscht die Missionare und Fuchida. Bisher hat er sich stark gemacht, eine Million Evangelien des Johannes in japanischer Sprache verteilen zu lassen. In einem persönlichen Gespräch mit den Missionaren, die Fuchida gewonnen haben, sagt er:

»Lassen Sie zehn Millionen Evangelien von Johannes drucken. Die Gelegenheit, ein Land zu gewinnen, kommt in der Geschichte einer Nation nur einmal.«

Wagner sieht einen Lichtstreifen am Horizont. Er will Fuchida für seinen Feldzug gewinnen, die zehn Millionen Evangelien des Johannes unter die Leute zu bringen.

»Eine große Menschenmenge hat sich heute versammelt, um Ihr Zeugnis zu hören. Wir sind überzeugt, dass der lebendige Gott Sie als besonderes Werkzeug berufen und Sie ausgewählt hat, seine Botschaft diesem Land zu verkündigen. Ihre Ernsthaftigkeit, Ihr Geist, Ihre Botschaft und Ihr Prestige sind ein unschätzbarer Gewinn für den Taschen-Bibel-Bund. Wollen Sie diesem Bund beitreten?«

Wagner ist Evangelist und Stratege zugleich. Er weiß, dass auch christliche Feldzüge geplant werden müssen. Fuchida ist ein Geschenk des Himmels. Die Stunde ist günstig. Fuchida glaubt, Gottes Stimme zu hören. Er stimmt zu, den Taschen-Bibel-Bund zu unterstützen, solange er in Japan unterwegs ist. Wagner strahlt. Sofort fasst er den Stier bei den Hörnern. Auf der Stelle wird entschieden, eine Massenveranstaltung in der öffentlichen Zentralhalle von Osaka zu arrangieren. Die Veranstaltung wird auf den 14. Mai 1950 angesetzt. In der Zwischenzeit spricht Fuchida auf vielen Veranstaltungen überall in Osaka und verkündigt seine Botschaft vom Frieden in Jesus Christus.

▌ Die erste evangelistische Großveranstaltung

Bevor die Massenveranstaltung in Osaka stattfindet, kehrt Fuchida nach kleinen evangelistischen Auftritten nach Kashiwara zurück. Die schwerste Aufgabe steht ihm noch bevor: seiner Frau Haruko begreiflich machen, dass er Christ geworden ist und sich hauptamtlich dem Taschen-Bibel-Bund angeschlossen hat. Sie hat aber längst bemerkt, dass er in der Stille regelmäßig die Bibel liest. Ihre einzige geäußerte Reaktion ist, dass sie sich vor Fuchida, ihrem Gatten, verneigt. Ihr Mann hofft zuversichtlich, dass sie ihm eines Tages folgen wird. Aber er weiß, dass eine Änderung für seine Frau wesentlich schwieriger wird als für ihn. Seine Barrieren sind eher weltlicher Art, ihre werden stärker geistlicher Art sein. Er nimmt sich vor, sie niemals zu zwingen und zu überreden. Er wünscht, sie wird eine Christin aus Überzeugung. Auf keinen Fall will er, dass sie sich aus Gefallsucht unterordnet.

Wochenlang ist er unterwegs zwischen Osaka und Kashiwara, um die Vorbereitungen für die Massenveranstaltungen mit vorbereiten zu helfen. Zwischendrin verteilt er auf Plätzen in Osaka das Johannes-Evangelium. In der Zwischenzeit brennt Fuchida darauf, DeShazer zu treffen. Wagner nimmt einen Übersetzer mit, und sie treffen sich in dem Haus, in dem DeShazer mit Frau und Sohn Paul wohnt. Familie DeShazer lebt mit einer japanischen Familie zusammen, um ihre Japankenntnisse zu verbessern. Es ist in der Tat ein Höhepunkt in Fuchidas Leben, endlich dem ehemaligen amerikanischen Gefangenen in Japan zu begegnen, der mit seinem gelebten Glauben und mit einer unvorstellbaren Vergebungsbereitschaft seinen japanischen Landsleuten begegnet ist. DeShazer erzählt Fuchida, dass er überall im Land gepredigt hat und dass die Leute interessiert zugehört haben. Trotzdem sei er zunehmend entmutigt. Die Situation in Korea bedrücke ihn, und der gefährliche Einfluss des Kommunismus, der sich zunehmend in Japan breit macht. DeShazer ist überzeugt, dass ein Wunder geschehen muss, um Japan für Christus zu gewinnen. Zu diesem Zweck hat er sich für ein strikt eingehaltenes 40-Tage-Fasten entschieden. Während der ganzen Zeit verzichtet er auf Nahrung und trinkt lediglich Wasser. So begegnet Fuchida einem Mann, der vom Fasten abgemagert ist. Aber DeShazer macht keinen schwachen oder kranken Eindruck. Hinter seinem schmalen Gesicht brennt eine kämpferische Seele. Seine blauen und leuchtenden Augen strahlen Fuchida direkt an. Während Fuchida DeShazers Gesicht bewundert, macht er sich Gedanken über das Fasten. Er kann es nicht einordnen. Es erscheint ihm völlig unnötig.

»Christus hat vollständig Buße für die Menschheit am Kreuz geleistet, da ist – für meine Begriffe – kaum Raum, um die Tat von Christus zu unterstützen. Wir sollen nur eins tun – uns völlig auf Christus und sein Werk am Kreuz verlassen.«

DeShazer versteht sein Fasten als Dankbarkeit und als Weg, seine Gebete mit allem Ernst zu unterstützen. Er macht Fuchida darauf aufmerksam, dass seine Bekehrung ein sichtbares Zeichen sei, dass Gott DeShazers Gebete und die Gebete der vielen, die für Japan beten, erhört hat. DeShazer sieht in Fuchida einen Vermittler, den die Japaner ernst nehmen und anhören werden. Nach dem Gespräch knien beide mit dem Übersetzer nieder und beten.

Bevor Fuchida und der Übersetzer das Haus DeShazers verlassen, haben sie ihm noch das Versprechen abgenommen, dass er auf der Großveranstaltung in Osaka sprechen wird. Über 1300 Menschen füllen das Auditorium in Osaka am 14. Mai. Die Menschen drängen sich in den Gängen und Seitenschiffen. Der Krach verursacht eine solche Verwirrung, dass die Verantwortlichen der Veranstaltung die Polizei rufen müssen. Sie rückt sofort mit 40 Mann Verstärkung an. Im Handumdrehen bringen sie die große Menge unter Kontrolle und beschaffen auch Plätze außerhalb der Halle. Diese unerwartete Entwicklung verzögert die Veranstaltung um eine halbe Stunde. Wagner eröffnet die Veranstaltung mit einem Übersetzer und spricht kurz über den Taschen-Bibel-Bund. Danach verteilen Helfer Übersetzungen des Johannes-Evangeliums. Ein emigrierter japanischer Pastor, der nach Japan zurückgekehrt ist, leitet das Singen im Versammlungsraum – in japanischer Sprache.

»Welch ein Freund ist unser Jesus!« Der Pastor versteht es, geschickt und einfühlsam die schlichte Melodie den Zuhörern schmackhaft zu machen. Auch Fuchida liebt diese Melodie, soll sie doch eine Vorbereitung sein auf die anschließende Verkündigung.

Dann spricht DeShazer. Er hat einen eigenen Übersetzer mitgebracht. Sein malerisches Englisch kann nur ein Fachmann verständlich übersetzen. Er spricht über sein Schicksal als Kriegsgefangener, sein Lesen in der Bibel und dass er Jesus Christus als Erlöser angenommen hat. Am Schluss breitet er seine Arme aus und ruft strahlend und überzeugend in das große Auditorium hinein:

»Nun liebe ich euch als ein Bruder in Christus! Kommt und lernt an diesem Nachmittag Christus kennen!« Das Auditorium hat still und aufmerksam zugehört und klatscht am Schluss lange Beifall.

Es wird ein zweites Lied angestimmt und eingeübt. Und dann stellt Wagner Mitsuo Fuchida vor.

»Dies ist der japanische Kapitän, Ihr Nationalheld, der damals den Angriff auf Pearl Harbor leitete. Sie haben sicher von ihm gehört!«

Ein wilder Applaus erfolgt.

»Er ist nicht nur ein Held des Krieges, er ist heute ein Held des Friedens. Seien Sie so freundlich und hören Sie sein Zeugnis!«

Das riesige Auditorium hat Fuchida überrascht. Beherzt steigt er auf das Podium und ergreift das Mikrofon.

»Ich stehe hier mit großem Stolz und der Gewissheit, Zeugnis zu geben im Namen unseres Herrn.« So beginnt Fuchida. Kurz streift er seine persönliche Geschichte. Er beginnt mit seiner Bewerbung an die Marineakademie als junger Mann.

»Fünfzehn Jahre sind vergangen, und ich zählte zu den Ersten innerhalb der japanischen Marine-Luftwaffe. Während dieser Zeit legte ich Tausende von Flugstunden zurück. Und dann wurde ich auserkoren, den Angriff auf Pearl Harbor zu führen. Ich war außerordentlich stolz, diesen Militärschlag als ein treuer Freund meines Vaterlandes geführt zu haben. Ich gab mein Letztes für mein geliebtes Vaterland.«

Fuchida hält inne, während das Auditorium seine Begeisterung herausbrüllt.

»Aber vier Jahre später ist Japan besiegt. In meiner Verzweiflung hasste ich am Ende des Krieges die Vereinigten Staaten als unseren ehemaligen Feind, und ich hasste ihre Kriegsverbrecher-Tribunale. Aber ich möchte Ihnen eine schöne Geschichte erzählen.«

Fuchida beginnt, über Peggy Covell zu reden. Eingehend schildert er ihre Geschichte, ihren Dienst und ihre Fürsorge an japanischen Kriegsgefangenen. Dann schließt er den ersten Teil seiner Ansprache:

»Aber heute stehe ich hier, um Ihnen zu sagen, dass Vergebung eine weit größere Moral beinhaltet als Rache.« Er kommt auf seine eigene Lebensgeschichte zu sprechen und auf die eigene Bekehrung.

»Heute weiß ich, wie man Frieden erlangt, persönlichen Frieden, aber auch den Weltfrieden. Der wirkliche Friede kommt einzig und allein durch Jesus Christus.«

Als Fuchida vom Podium herabsteigt, reißt es die Menschen von ihren Sitzen. Sie brechen in einen tosenden Beifall aus. Dann ergreift wieder Wagner das Wort und lädt alle Anwesenden ein, die Jesus als ihren Herrn und Meister annehmen wollen, nach vorn zu kommen.

Über 500 Menschen folgen diesem Aufruf. Ganz zaghaft kommen die Ersten. Einige ziehen andere mit. Dann steht eine große Menge in der Nähe des Podiums. Wagner ermutigt sie, dem lebendigen Gott für diesen ersten Schritt der Lebenserneuerung zu danken. Er beschwört sie, die Veranstaltung in Osaka nicht als einen schönen Gefühlssturm im Gedächtnis zu behalten, sondern in und mit Christus ein neues Leben zu beginnen.

Die Nachricht von der Großveranstaltung geht wie ein Lauffeuer durch Rundfunk und Presse. Der Held von Pearl Harbor hat mit der alten japanischen Tradition gebrochen. Mit einem klaren Zeugnis für Christus hat er die Götterwelt des ehrwürdigen Nippon hinter sich gelassen. Die Stimmen sind geteilt. Bewunderer und Kritiker melden sich landauf und landab zu Wort.

▮ Evangelisation in der Heimatstadt

Bevor Fuchida die gesegnete Evangelisation in Osaka verlässt, plant er mit seinen geistlichen Mitstreitern eine zweite Großveranstaltung in Kyoto. In der Zwischenzeit will er sich von den Aktionen erholen und in seiner Heimatstadt Kashiwara eine Evangelisation abhalten. Mehrere Gründe reizen Fuchida. Erstens kann er nicht länger seine Bekehrung in der Heimatstadt geheim halten, obschon er das gerne getan hätte. Außerdem berichten alle Zeitungen Japans über das Ereignis in Osaka. Er will aufrecht und ehrlich sein und den Menschen in der Heimatstadt sein Zeugnis nicht vorenthalten.

Allerdings nimmt Kashiwara eine einmalige Position in Japans geistlichem Leben ein. Zwei Hauptreliquien der Shintoreligion und des Buddhismus stehen in Kashiwara. Einer Legende entsprechend wird der eine Schrein vom ersten Kaiser, dem Jimmo Tenno, der einige hundert Jahre vor Christi Geburt lebte, der Nachwelt überliefert. Viele Jahre später wird vom Kronprinzen Shotokutaishi der Buddhismus in Japan eingeführt und in Kashiwara der erste japanische Tempel errichtet. In diesem Sinn ist die Heimatstadt Fuchidas so etwas wie eine heilige Stadt für beide Religionen. Er plant, die Standarte des Kreuzes in der strenggläubigen Stadt der alten Religion aufzupflanzen.

Wieder ist es Wagner, der die Großveranstaltung mit seinem vertrauten Übersetzer leitet. Fuchida spricht etwa eine Stunde. Im Mittelpunkt seiner Ansprache steht die alte Shintoreligion mit ihrem Konzept *hakko ichin* (die ganze Welt unter einem Dach) und dem Anspruch *sikei doho* (alle Völker sind Brüder).

»Diese Wahrheiten wurden im Krieg für Propagandazwecke verdreht, aber es handelt sich um edle Grundsätze und wir sollten sie nicht vernachlässigen«, versucht Fuchida seinen Zuhörern deutlich zu machen.

»Die ganze Welt ist unter einem Dach – dem Himmel – und alle Völker und alle Menschen – unabhängig von Rasse oder Hautfarbe – sollen Brüder sein. Denn sind wir nicht alle Kinder Gottes?« Fuchida wartet einen Augenblick und fährt dann fort:

»Der größte Fehler, den wir Japaner in der Vergangenheit gemacht haben, war die Verehrung des Kaisers als Gott und die ganze Welt war dazu bestimmt, unter das kaiserliche Dach zu kommen. Was ist daran falsch? Gott ist über allen Menschen, auch über dem Kaiser. Es ist Gottes Welt und alle Menschen in ihr müssen Brüder werden. Das ist eine ewige Wahrheit!«

Gottes Geist wirkt. Widerstand und Abwehr sind unter den Zuhörern gering. Auch die Priester der verschiedenen Religionen halten sich zurück. Fuchida schließt seine Ansprache:

»Gott sandte seinen eingeborenen Sohn in die Welt, um zu retten, was verloren ist. Gott wünscht, dass jeder Mensch zu ihm zurückfindet – durch Jesus Christus. Jawohl, wir alle lieben unseren Kaiser, aber er ist ein Mensch, und auch er lebt unter der Gnade Gottes. Auch er muss Jesus Christus als Retter annehmen, um wiedergeboren zu werden. Wenn das stattfindet, werden alle Grundsätze unserer Ahnen wahr: alle Völker sind Brüder. Sie hören heute diese Botschaft, kommen Sie zu Gott durch Jesus Christus! Es ist eine Rettung für Sie selbst und für die Welt. Für mich selbst gibt es keinen Kompromiss in meinem Leben mehr, ich werde in den mir verbleibenden Jahren mein Leben in den Dienst von Jesus Christus stellen.«

Erwartungsvoll geht Fuchida vom Podium. Ihn beschleichen viele Fragen. Wie werden die Anhänger der alteingesessenen Religionen auf ihn reagieren? Was werden seine Freunde und Bekannten sagen? Als er sich setzt, erlebt er einen herzlichen Applaus. Er hat seine persönliche Schwäche und seine Angst vor Nachbarn und Freunden in der Stadt überwunden. Gott hat ihm Kraft gegeben, sich klar und standfest zu zeigen. Er ist ein wirklicher Soldat von Jesus Christus geworden.

Wenn er allerdings erwartet hat, dass sich ein großer Teil seiner Nachbarn, Bekannten und Freunde bekehrt hätte, um die heilige Stadt Kashiwara in ein japanisches Jerusalem umzuwandeln, dann hat er sich geirrt. Das Ergebnis in Kashiwara, seiner Heimatstadt, empfindet er als Enttäuschung. Wagner hat am Schluss der Großveranstaltung gefragt: »Wer unter Ihnen kennt Mitsuo Fuchida?« Alle Hände gehen hoch.

»Und wer von Ihnen möchte in seine Fußstapfen treten?«

Nur ein paar Hände erheben sich.

Fuchida ist niedergeschlagen über das magere Ergebnis in seiner Heimatstadt. Er bedauert, dass die Zuhörer mehr mit Erstaunen als mit Enthusiasmus für ein neues Leben in Jesus Christus reagiert haben. Am eigenen Leib muss er die Erfüllung des wahren Wortes erleben, das Jesus vor Jahrtausenden schon durchlitten hat: der Prophet gilt nichts im eigenen Vaterland.

Nachfolge kennt auch Enttäuschungen

Viele wollen Fuchida für sich vereinnahmen. Menschliches und Geistliches liegen auf der Lauer. Nicht wenige wissen, dass mit dem Namen Fuchida Geschäfte zu machen sind. Der Zweck heiligt die Mittel.

Nach der Evangelisation in Osaka und Kashiwara bekommt Fuchida viele Briefe. Etliche sind positiv und ermutigend. Sie beglückwünschen ihn zu dem einmaligen Schritt. Andere sind entsetzt, dass ein Kriegsheld es wagt, die Samurai-Tradition zu verraten.

Unter den positiven Zuschriften ist auch der Glückwunsch des katholischen Bischofs von Osaka. Er lädt ihn ein, nach Osaka zu kommen, um verschiedene wichtige Dinge mit ihm zu besprechen. In den darauf folgenden Tagen fährt Fuchida nach Osaka, um das Gespräch mit dem katholischen Kirchenfürsten wahrzunehmen. Die katholische Kirche ist nicht schwer zu finden. Sie ragt aus dem Stadtviertel heraus und ist eins der größten christlichen Gotteshäuser in Japan. Der Bischof ist bereits dreißig Jahre in Japan und beherrscht die japanische Sprache fließend. Fuchida kann sich ein Lächeln nicht verkneifen, als er den Bischof wie einen »Fünf-Sterne-General« erlebt. Der Bischof drückt seine Freude darüber aus, dass Fuchida sich zum Christentum bekehrt hat, und legt ihm nahe, ein katholischer Christ zu werden. Der Bischof schenkt ihm ein Buch, das ein Japaner geschrieben hat über den Angriff auf Pearl Harbor. Der japanische Verfasser hat inzwischen eine Million Yen damit verdient. Der Bischof ermutigt Fuchida, auch ein Buch über Pearl Harbor zu verfassen – unter katholischer Schirmherrschaft. Als Honorar verspricht er ihm die doppelte Summe des Honorars, das der andere Japaner für sein Buch erhalten hat. Der Vorschlag ist nicht neu. Längst hat Fuchida darüber nachgedacht, ein Buch über den Angriff auf Pearl Harbor zu schreiben. Der Gedanke allerdings, es unter der Gönnerschaft der katholischen Kirche zu verfassen, behagt ihm nicht. Außerdem ist er mehr oder weniger gezwungen, in die katholische Kirche einzutreten. Den Gedanken, einer verfassten Kirche beizutreten, hat er bisher abgelehnt. Nicht in der Kirche sieht er das Heil, sondern in Christus. Nicht eine bestimmte Gemeinschaft bestimmt seine Seligkeit, sondern allein der Herr. Auch die gewaltigen Kathedralen der Katholiken flößen ihm Respekt ein, aber keine Verehrung. Er kann Christus nicht mit Prunkbauten in Verbindung bringen. Schwierigkeiten hat er auch mit den rituell gefeierten Gottesdiensten. Lieder, Liturgien, die üppigen Gewänder und die großartigen Kirchenschätze stoßen ihn ab. Christus ist der Erlöser der Armen, der Entrechteten, der Leidenden und der Verfolgten. Er hat das unbestimmte Gefühl, Religion und Geschäft sind nahtlos miteinander verzahnt. Er sieht keinen Unterschied zwischen den Shinto-Heiligtümern, den anderen großen buddhistischen Tempeln und den christlichen Kathedralen.

Er verlässt den Bischof und gibt ihm zu verstehen, dass er bald von ihm hören wird. Aber Fuchida ist sich im Wesentlichen klar. Kaum ist er wieder auf seiner Farm angekommen, schreibt er dem Bischof einen Brief, dass er kein katholischer Christ werden kann. Die riesige Kirche, die er gesehen hat, entspricht nicht seinen Vorstellungen von Kirche. Den Geist von Christus sieht er nicht in ihren Gemäuern. Einschränkend gibt er aber auch zu verstehen: »Natürlich weiß ich zu wenig über den Katholizismus. Darum kann ich mir heute noch kein abschließendes

Urteil erlauben.« Noch einige Male besuchen ihn katholische Vertreter des Bischofs, um ihn für die katholische Kirche anzuwerben. Die Schwäche Fuchidas in dem beschriebenen Zeitraum besteht eindeutig darin, dass er sich in den verschiedenen Denominationen überhaupt nicht auskennt.

Auch viele Kommunisten schreiben und besuchen Fuchida, um ihn für ihre Sache zu erwärmen. Sie sind überzeugt, dass Japan einmal völlig kommunistisch werden wird. Über 100 000 Japaner warten in Sibirien darauf, Hokkaido in absehbarer Zeit zu erobern. Die Gespräche finden kurz vor Ausbruch des Korea-Krieges statt. Aber Fuchida lehnt ab. Mit dem Kommunismus kann er noch weniger anfangen. Allen Ernstes ist er der Meinung: »Ich bin auch unzufrieden mit der Besatzung und der Politik der Alliierten. Aber noch unzufriedener bin ich mit der kommunistischen Herrschaft. Sie hat kein menschliches Herz. Japan ist weit besser dran mit der Besatzung durch die Amerikaner als durch die Sowjetunion. Ich bin glücklich, dass Japan nicht aufgeteilt wird zwischen Amerika und den Sowjets, wie es in Deutschland und Korea geschah. Der Kommunismus würde für uns eine schreckliche Tragödie bedeuten.«

▌ Begegnung mit einem ehemaligen Kriegskameraden

Auch von ehemaligen Kriegskameraden und Besuchern der Marine-Akademie bekommt er Briefe. Sie können und wollen ihn nicht verstehen. Sie werfen ihm vor, von General MacArthur getäuscht zu werden. Sie sind fest davon überzeugt, dass MacArthur nur angetreten ist, die Shinto-Religion zu zerstören und sie durch das Christentum zu ersetzen. Die ehemaligen Kriegskameraden sehen in der Besetzung Japans unter politischen Gesichtspunkten einen »amerikanischen Imperialismus«. *Hakko ichio* (alle Welt unter einem Dach) sei die wirkliche Wahrheit, aber unter dem Vorzeichen des alten Japan. Einer der ehemaligen Kriegskameraden, ein damaliger Offizier, ist Kommunist geworden. Vor den Amerikanern floh der japanische Offizier nach Japan, wo er als aktiver Kommunist im Untergrund arbeitete.

Viele Freunde besuchen Fuchida auf seiner Farm in Kashiwara. Auch ein ehemaliger Leutnant, der im Krieg ein Bein verloren hat, besucht den ehemaligen Kriegshelden. Er hat ihn bewundert und will unbedingt wissen, was ihn bewogen hat, Christ zu werden und sein Land zu verraten. Als Fuchida sein Zeugnis ablegt, schreit der Mann ihn an:

»Du hast das Kaiserreich betrogen und sein Volk. Widerrufe deine Entscheidung! Du warst ein tapferer Soldat während des Krieges, du hast geniale Operationen geleitet. Tausende von Selbstmordpiloten sind deinetwegen in den Tod gegangen. Nachdem so viele tapfere Japaner den Tod gefunden haben, wie kannst du da ein Christ werden?«

Fuchida betet und ringt um die richtige Antwort. Aber der verbitterte Japaner will keine Antwort, er will Rache. Bevor Fuchida den Mund aufmachen kann, zieht er einen Dolch heraus und schwenkt ihn vor Fuchidas Augen. Der bleibt ruhig stehen und rennt nicht aus dem Zimmer. Das beeindruckt den Rebellen sehr. Keine Frage, vor Fuchida steht ein ehemaliger Offizier, der ein Bein verloren hat und der den militärischen Untergang Japans noch nicht überwunden hat. Fuchida geht noch einen Schritt auf ihn zu und versucht ihm deutlich zu machen, dass es niemals MacArthurs Absicht ist, mit der Besatzung das Christentum in Japan einzuführen.

»Hast du je etwas über Jesus Christus gehört?«

»Nein, niemals!«, antwortet der verbitterte Krieger und

hält mit wutverzerrtem Gesicht den Dolch weiter in die Höhe. Fuchida beginnt, mit ernsten Worten das Denken des Mannes mit seinen nationalistischen Wurzeln zu untergraben. Drei Stunden lang reden sie miteinander. Längst hat der rebellische Krieger den Dolch wieder weggesteckt. Am Ende des Gespräches sagt Fuchida: »Du bewunderst mich, den ehemaligen Kapitän Fuchida, einen Patrioten der japanischen Nation. Als ich Christ wurde, blieb ich ein japanischer Patriot. Ich liebe mein Land und seine Leute immer noch. Als der Krieg zu Ende war, brachte ein kaiserlicher Erlass den Hauptpunkt zur Sprache, dauerhaften Frieden für die kommenden Generationen zu gewährleisten. Wer aber kann diesen immer währenden Frieden für alle garantieren? Nur einer, Jesus Christus! Wir sollten die Rechtmäßigkeit eines Siegers wie MacArthur nicht mit der Rechtmäßigkeit Gottes verwechseln. Gott kommt nur zu uns, wenn Christus uns überwindet! Ich bin kein Opportunist. Vielleicht denkst du so. Der Ruf, Christ zu werden, ist der gewaltigste Ruf in meinem bisherigen Leben. Und den Rest meines Lebens will ich *ihm* dienen. Keine Verfolgungen, Bedrohungen oder Gefahren werden meine Überzeugung ändern!«

Fuchida will Frieden, auch mit diesem verzweifelten Offizier. Er streckt seine Hand dem Kameraden entgegen.

»In der Tat, Gott ruft dich ebenso. Wenn du willst, kannst du mich erstechen. Ich kann dir mein Leben übergeben. Aber erinnere dich daran, Gott ruft dich auch!«

Längst hat der ehemalige Offizier den Dolch wieder in der Scheide verschwinden lassen und beugt seinen Kopf herunter.

»Ich entschuldige mich bei dir, Fuchida, für meine Feindseligkeit und dass ich so vehement gegen das Christentum gesprochen habe. Ich verstehe im Augenblick von Christus noch gar nichts. Aber du hast eine Botschaft, über die es sich lohnt nachzudenken.«

Der Offizier hat sich auf einen Sessel gestützt, um fest stehen zu können. Er ergreift seine Krücken und verabschiedet sich von Fuchida. Fünf Jahre später spricht Fuchida in Amagasaki, das zwischen Osaka und Kope gelegen ist. Unter den Zuhörern trifft er den einbeinigen ehemaligen Offizier wieder, der ihn in seinem Haus mit einem Dolch bedroht hat. Begeistert fällt er Fuchida in die Arme. Beide erinnern sich an die bedrohliche Situation in Kashiwara. Der Offizier hat tatsächlich zu Christus gefunden.

▌ Störungen und Steine im Leben des Evangelisten

Das nächste Evangelisationsziel ist Kyoto. Diese Hauptstadt des alten Japan ist vor dem Schlimmsten im letzten Krieg bewahrt geblieben, obwohl es auf der Liste der Atombombenziele stand. Ähnlich wie andere Städte mit einer langen Geschichte und kulturell führend, fühlt sich die Stadt gelassen und glaubt an ihre Einzigartigkeit. Fuchida erwartet in dieser Stadt den Widerstand gegen das Christentum.

Die Bürger Kyotos schwören inbrünstig auf die Shinto-Religion und lassen sich in ihrem Traum von der einmaligen Berufung nicht abbringen. Unter diesem Blickwinkel rät Fuchida seinem Mitstreiter Wagner und den übrigen Verantwortlichen des Taschen-Bibel-Bundes, keine unnötige Konfrontation mit der Shinto-Religion zu riskieren. Aber sie missachten seinen Rat im Hinblick auf die Kyoto-Evangelisation. So kommt es, dass Störenfriede das Treffen in Kyoto unterbrechen. Eine Reihe solcher Störmanöver wird von buddhistischen Priestern verursacht. Besonders, wenn die Predigt das Thema Sünde, Auferstehung und das Leben danach behandelt. Für die Buddhisten handelt es sich um Fantasieprodukte.

»Erzähl uns keine Märchen!«, schreien sie dazwischen.

»Wir haben eine weitaus höher entwickelte Religion als ihr Christen!«

Fuchida wäre es lieber gewesen, der Taschen-Bibel-Bund hätte eng mit den ortsansässigen christlichen Kirchen zusammengearbeitet. Aber sie wollen unabhängig sein und völlig eigenständig missionieren. So geschieht es, dass Buddhisten, Shinto-Anhänger und die christlichen Kirchen gemeinsam eine geistige Front gegen den Taschen-Bibel-Bund bilden. Die evangelistischen Einsätze sind nicht störungsfrei. Überall haben sich Störer und Rebellen zusammengerottet. Viele erkennen in den missionarischen Vorstößen gezielte Attacken der amerikanischen Besatzung. Trotz allem verläuft das Abschlusstreffen in Kyoto eindrücklich. Etwa zehntausend Besucher werden insgesamt gezählt, die im Maruyama Park am 27. Mai nachmittags zusammengekommen sind. Der Taschen-Bibel-Bund hat mit Fuchidas Namen geworben, und die riesige Zuhörerschaft ist in erster Linie gekommen, um den japanischen Kriegshelden zu hören. Nur wenige hat es hergetrieben, um ihren geistlichen Hunger zu stillen.

Eine weitere Schwierigkeit gibt es in Kyoto, als Wagner mit seinen Mitarbeitern in der Nähe des Bahnhofs evangelisieren will. Es regnet Bindfäden, kein Mensch bleibt stehen, um sich die evangelistischen Ansprachen anzuhören. Die Menschen flüchten in den Bahnhof und suchen Schutz vor dem Regen. Wagner rückt mit seinem Wagen und dem Lautsprecherpodium ganz in die Nähe des Bahnhofs. Aber die starken Lautsprecher stören die Bahnhofsmitarbeiter, die ihre Zugverbindungen nun schlecht den Reisenden weitergeben können. Die Boxen der Evangelisten übertönen alles. Schließlich kommt der Bahnhofsvorsteher heraus und bittet Wagner, die Ansprache in Bahnhofsnähe einzustellen. Wagner ist offensichtlich schlecht beraten, als er ein Dokument aus der Tasche zieht, in dem General MacArthur ausdrücklich die Mission erlaubt hat. Die Verantwortlichen in der Stadt reagieren überall mit unterdrücktem Zorn. Auch Fuchida empfindet das Vorgehen Wagners äußerst problematisch. Aber noch hält er sich mit Kritik zurück.

»Niemals darf das Evangelium mit Stärke und mit Unterstützung durch weltliche Macht verkündigt werden, wenn wir Menschen für Christus gewinnen wollen. Wir bauen einzig und allein auf den Geist Gottes.«

Eine weitere Schwierigkeit besteht in der Art, wie Menschen angeregt und aufgefordert werden, Christus nachzufolgen. Am Ende einer evangelistischen Veranstaltung fragt Wagner:

»Wer will Christus annehmen? Wer bereit ist, möge die Hand erheben!«

Wagner ist der festen Überzeugung und wertet es als Zeichen der Bekehrung, wenn Menschen die Hand hochhalten. Auf dieser Basis werden die Zahlen dem Hauptquartier MacArthurs gemeldet.

Fuchida sieht es anders. Weil der Taschen-Bibel-Bund mit der persönlichen Einladung MacArthurs Werbung macht, meinen viele Japaner, es sei besser, die Hände in die Höhe zu heben. Wieder andere strecken die Hände aus orientalischer Höflichkeit in die Höhe. Eine dritte Gruppe sind zwanghafte Mitläufer, die einem gefühlvollen Aufruf gefolgt sind. Selbstverständlich gibt es eine Reihe, die ernsthaft von der Botschaft im Herzen angerührt sind.

Auch unter den in Dienst stehenden Polizisten und den Auszubildenden wird Wagner mit seinen Mitarbeitern aktiv. Spezielle Treffen werden organisiert für die Besucher der Polizei-Akademie. Wagner zeigt den Film »Gottes Schöpfung«, und Fuchida gibt ein Zeugnis. Das Filmtheater hat 250 Sitzplätze. Da über 500 Polizeischüler die Akademie besuchen, wird der Film zweimal gezeigt. Am ersten Tag lauschen die Schüler mit sichtbarem Interesse. Aber als Wagner sie einlädt, sich zu Christus zu bekennen, antwortet niemand. Wagner selbst kennzeichnet sich als ein wechselhaftes Temperament. Er ist schnell begeistert, aber auch schnell am Boden. Am Ende dieser Veranstaltung ist er entmutigt und demoralisiert.

Am nächsten Tag ist der Filmvorführer krank, und Fuchida bietet sich an, diese Aufgabe zu übernehmen. Er ist mit dem 16-mm-Film vertraut. Er ist als Erster da, und niemand von den Polizeischülern hat ihn gesehen. Vom Vorführrraum aus hat Fuchida einen ausgezeichneten Blick in den Saal, wo die Kadetten Platz genommen haben. Niemand von ihnen muss stehen. Als alle Platz genommen haben, erscheint der Polizeichef und gibt den Anwesenden eine kleine Einführung.

»Gestern, als die Missionare Sie fragten, ob jemand die Hand heben wolle, hat sich kein Schüler gemeldet. Bitte bedenken Sie, der Missionar kommt nach Japan auf persönliche Einladung MacArthurs. Er soll zufrieden zurückkehren und die guten Beziehungen zwischen Japan und den Vereinigten Staaten bestätigen. Machen wir also MacArthur eine Freude. Aus diesem Grunde erhebt heute eure Hände.« Fuchida muss mit einem Lachanfall kämpfen, um nicht gehört und entdeckt zu werden. So kommt es, wie es kommen muss: Als Wagner am Schluss der Veranstaltung zur Bekehrung aufruft, gehen viele Hände im Vorführrraum in die Höhe. Der Missionar ist außer sich vor Freude. Später berichtet ihm Fuchida, dass er es nicht übers Herz bringen konnte, Wagner die Wahrheit zu sagen, dass ausgerechnet der Polizeichef für die »Massenbekehrung« verantwortlich war.

▌ Fuchida arbeitet in einem neuen Team

Als der Koreakrieg ausbricht, wird ein Missionar durch einen anderen Partner aus Amerika ersetzt. Pastor H. George Vorsheim, bisher an der presbyterianischen Kirche in Philadelphia aktiv, kommt zum Team von Wagner in Japan. Um erfolgreicher zu sein, werden zwei missionarische Teams neu zusammengestellt. Fuchida wird George Vorsheim an die Seite gestellt. Der dritte ist ein Übersetzer.

Vorsheim ist ein ungemein dynamischer Mann. Er spricht eindrücklich und man kann ihm gut zuhören. Das Team predigt und verteilt das Johannes-Evangelium. Vorsheim hat die Angewohnheit zu predigen, Verse aus dem Johannes-Evangelium zu zitieren und die Zuhörer können mitlesen. Die Methode bewährt sich, und viele Hände gehen in die Höhe, wenn er zur Umkehr aufruft. Anschließend bittet er die Leute, mit ihm nach vorne zu kommen, und er erklärt ihnen ihre Pflichten als angehende Christen und führt sie ins Gebetsleben ein. Fuchida ist angetan von Vorsheims Wissen, ihn bereichert seine Erfahrung, und jeden Tag studiert er mit ihm gemeinsam die Bibel.

Eines Tages evangelisieren sie gemeinsam in Nemuro, dem östlichsten Punkt Japans. Nemuro ist ein heißes Pflaster und bekannt für kommunistische Propaganda. Als Vorsheim und Fuchida auf einem amerikanischen Lastwagen das Evangelium verkünden, bemerkt Fuchida einen gut aussehenden Mann im Alter von etwa 45 Jahren. Obgleich er in einem schlichten Kimono auftritt, ist er augenscheinlich eine wichtige Persönlichkeit. Fuchida fühlt sich zu ihm hingezogen. Als Vorsheim zur Umkehr aufruft, ist dieser Mann einer der Ersten, der seine Hand in die Höhe streckt. Im Nachgespräch stellt er sich selbst vor:

»Ich bin der Polizeichef von Nemuro. Ich glaube dem, was Sie als Botschaft anbieten. Ich brauche das mehr als alles andere in der Welt.«

Als am nächsten Tag wieder eine Evangelisation stattfindet, diesmal im größten Auditorium der Stadt, taucht der Polizeichef in Uniform auf. Er ist der Meinung, dass dies die größte Massenveranstaltung in der Geschichte der Stadt ist. Er hat seine Frau und seinen Sohn geschickt, um ihn zu vertreten, weil er mit anderen Polizisten die Großveranstaltung zu organisieren hat. Die Bekehrung dieses überaus wichtigen Mannes ist ein Höhepunkt in der Evangelisationsarbeit um Hokkaido. Fuchida wird gut bekannt mit ihm. Der Polizeichef sieht in seinem Christsein vor allem auch einen Weg, erfolgreich und überzeugend dem Kommunismus zu begegnen.

▌ Fuchida am Scheideweg

Zum ersten Mal erklärt sich der Taschen-Bibel-Bund bereit, mit anderen christlichen Kirchen zusammenzuarbeiten. Auf diese Weise lernt Fuchida die evangelischen Kirchen kennen. Bevor er den ersten Kontakt mit einer protestantischen Kirche macht, hat er die katholische Kirche in Osaka besucht. Bisher ist er für Christus unterwegs. Allerdings ist er nicht einmal getauft und gehört auch keiner speziellen christlichen Gemeinschaft an.

Die evangelische Kirche in Hokkaido ist für ihn eine beglückende Entdeckung. Er liebt die wenig anmaßende Art der Predigt, die schlichten gefühlvollen Gesänge, die Atmosphäre der Anbetung und den Frieden innerhalb der Gebäude. Was ihn besonders beeindruckt, ist die Gemeinschaft unter den Kirchgängern, besonders unter den jungen Menschen und den Teenagern. Sie gehen freundlich und liebevoll miteinander um, sie achten einander und handeln selbstlos. Sie sind in der Tat ein Gegenbild zu vielen jugendlichen Japanern der Nachkriegszeit.

Alle Eindrücke der letzten Zeit bringen ihn zu der Erkenntnis, sich von Wagner und dem Taschen-Bibel-Bund zu trennen. Die Entscheidung hat er lange mit sich herumgetragen.

»Ich wünsche und brauche die Gemeinschaft der Christen, doch das klappt nur, wenn ich ein offizielles Mitglied einer Kirche werde. Wenn ich nach Kashiwara in meine Heimatstadt zurückkehre, werde ich mich dort als Mitglied der dortigen Kirche anmelden.« Wagner hört ihn an und stimmt ihm zu. Er hält Fuchidas Weg für richtig. Schon seit geraumer Zeit hat er empfunden, dass Fuchida nicht voll mit den Strategien des Taschen-Bibel-Bundes übereinstimmt.

Fuchida verlässt Hokkaido mit vielen bösen Ahnungen. Die Insel ist moralisch und verteidigungsmäßig mehr als schwach. Das neue Polizeiaufgebot hat weder Waffen noch eine richtige geistliche Einstellung. Sie sind lediglich eine Macht auf dem Papier. Die Insel ist abhängig vom Schutz und der Sicherheit der Vereinigten Staaten. Die Japaner selbst sind nicht in der Lage, sich kraftvoll zu verteidigen.

Als er in Kashiwara eintrifft, hört er, dass die Amerikaner zwei Divisionen nach Hokkaido entsandt haben, um die Insel zu schützen. Es trifft Fuchidas Stolz nicht gerade wenig, dass ausgerechnet die Amerikaner ihr Leben riskieren müssen, um sein Heimatland vor den Kommunisten zu beschützen.

Fuchida kehrt in seine Heimatstadt zurück. Er steht am Scheideweg. Ein dunkler Punkt in seinem Leben macht ihm zu schaffen. Wenn er sich als Christ taufen lässt, muss er seine Geliebte aufgeben, mit der er ein Kind gezeugt hat. Ängstlich beichtet er seiner Frau Haruko seine Verfehlung. Sie hört ruhig zu, schimpft nicht und bekommt auch keinen hysterischen Anfall. Japanische Frauen sind es gewöhnt, ihren Männern untertan zu sein und auf Widerstand zu verzichten. Demütig nickt sie mit dem Kopf. Sie verzeiht ihm mit Tränen in den Augen. Als sie sich gefangen hat, sagt sie zu ihm:

»Ich nehme dein Kind an, bring es in unser Haus.« Es wäre eine gute Lösung gewesen. Das Kind hätte eine vollständige Familie um sich gehabt, und der Vater hätte ihm eine gute Erziehung ermöglicht. Fuchidas treue Frau hat niemals die Geschichte mit dem Kind hinausposaunt. Sie hat die Treue zu ihrem Gatten nie in Frage gestellt. Aber Kimmy, Fuchidas Geliebte, betrachtet sich selbst als Fuchidas Frau und weigert sich, die kleine Tochter Yoko herauszugeben. Sie liebt das Kind und hat keinen Zweifel, dass Fuchida zu ihr zurückkehren wird. Yoko wächst heran und weiß, dass Mitsuo Fuchida ihr Vater ist. Die Geliebte Fuchidas schweigt darüber, dass er verheiratet ist und leibliche Kinder hat. Yoko kann es nicht verstehen, dass ihr Vater sie und die Mutter niemals besucht. Der Kontakt beschränkt sich auf Briefe und Postkarten. Die Beziehung zu Kimmy, seiner Geliebten, hat Fuchida oft auf die Knie getrieben. Seit Jahren hat er diese Beziehung neben seiner Ehe gepflegt. Er brachte es nicht übers Herz, das Verhältnis zu beenden. Diese Unehrlichkeit und Zerrissenheit hat ihn viel Kraft gekostet. Endlich hat er sein sündhaftes Doppelleben beendet. Er ist froh und erleichtert, dass er sein streng gehütetes Geheimnis seiner treuen Ehefrau anvertraut hat. Wahrscheinlich ist Haruko längst informiert gewesen, aber die Tradition gebietet es, zu schweigen, zu schlucken und zu dulden. Fuchida hat die Beziehung zu Kimmy beendet. Jetzt kann er sich taufen lassen. In Osaka schließt er sich der Sakai-Kirche an. Es ist die Gemeinschaft, die etwa eineinhalb Stunden mit dem Auto von seiner Heimatstadt entfernt liegt. Der Pastor Toshio Saito wird einer seiner besten Freunde und zugleich sein geistlicher Vater. Seine treue Frau Haruko besucht jeden Sonntag mit ihm den Gottesdienst in Osaka. Vorher war sie eine ernsthafte Buddhistin gewesen. Haruko sitzt auch in der Gemeinde, als ihr Mann am Ostersonntag 1951 von Pastor Saito getauft wird. Es ist ein feierlicher Akt. Die Kirche ist überfüllt. Wieder bringen die Zeitungen Artikel über den ehemaligen Kriegshelden, der heute dem Krieg, der Feindseligkeit und den Rachegedanken abgeschworen hat.

Die Verbindung zum Taschen-Bibel-Bund ist gelockert, und doch bleibt die Beziehung freundschaftlich. Mit Pastor Saito hat Fuchida seine missionarische Strategie geändert. Er empfiehlt Neubekehrten, sich niemals sofort Hals über Kopf in die Evangelisation zu stürzen. Ein Evangelist sollte seiner Meinung nach jemand sein, der ein glaubhaftes Leben führt, der im praktischen Leben Jesus Christus bezeugt und der ein klares und überzeugendes Wort vor vielen Zuhörern zu sagen hat. Überall, wo er gerufen wird, ein persönliches Zeugnis zu geben, ist Fuchida zu finden. Seine Frau Haruko ist immer bei ihm. Immer noch etwas misstrauisch verfolgt sie alle seine Schritte, ob seine Bekehrung ihn wirklich bis ins Herz getroffen hat. Nicht nur seine Frau, sondern auch seine Kinder erleben mit Freude und Erleichterung, dass sich Mitsuo Fuchida von einem unzufriedenen und geschlagenen Mann in einen Menschen verwandelt hat, der mit sich, den Menschen und mit Gott in Frieden lebt. Seine Zeugnisse sind nicht aufgesetzt. Er begegnet allen Menschen freundlich, und sein Glaube wirkt ansteckend. So ansteckend, dass sich seine Frau und seine Kinder im christlichen Glauben unterweisen lassen. Seine Frau wird am Vorabend des Weihnachtsfestes 1951 getauft. Genau 20 Jahre später, als er sie zum ersten Mal bei seinen Schwiegereltern kennen gelernt hat. Ein halbes Jahr später werden auch beide Kinder Yoshiya und Miyako am Ostersonntag 1952 getauft.

Die evangelistischen Aktionen in der näheren und weiteren Umgebung bringen Fuchida finanziell wenig ein. Er ist in erster Linie auf seinen Bauernhof angewiesen. Hier und da werden Kollekten veranstaltet, aber das Ergebnis bessert seinen Lebensunterhalt nur wenig auf.

Mehr und mehr entdeckt er neue Gaben in sich. Er beginnt zu schreiben. Zunächst Artikel für Zeitschriften, später Bücher. Als Marineflieger kennt er sich glänzend in Marineangelegenheiten aus. Aber seine Veröffentlichungen bringen ihm auch Kritik ein. Vor allem der ehemalige Admiral Yamamoto, den er für viele Fehler im Pazifikkrieg verantwortlich macht, wird ihm ein erbitterter Gegner.

In der gespannten finanziellen Situation denkt Fuchida etliche Male daran, die evangelistische Arbeit an den Nagel zu hängen. Die Regierung lockt ihn mit einem glänzenden Angebot, in den neu aufzubauenden Verteidigungsstreitkräften eine Spitzenposition einzunehmen. Eine angesehene Stellung und ein öffentliches Prestige sind eine große Versuchung für ihn. Fuchida überlegt mit seiner Familie, mit Freunden und mit Gott lange, ob er zusagen soll. Aber dann entscheidet er sich dagegen. Er ist ein Soldat von Christus und will ein Soldat von Christus bleiben. Dieser Dienst ist ihm wichtiger, als einen hohen Posten in den japanischen Streitkräften anzunehmen.

Die Hürde ist genommen. Den Lockruf der Regierung hat er verklingen lassen. Die Angebote waren für ihn und die Familie mehr als reizvoll. Aber er will seiner Berufung treu bleiben. Die Würfel sind gefallen. Voller Überzeugung gesteht er:

»Ich glaube, dass ich heute Japan und der Menschheit besser dienen kann, wenn ich Menschen für Jesus Christus gewinne.«

Flügel für Christus

Allmählich steigert sich das Tempo seiner evangelistischen Einsätze. Aber der Hin- und Rücktransport für die Einsätze wird immer schwieriger. Früher war er es gewohnt zu fliegen, heute findet er Zugreisen entsetzlich. Der Gedanke, seine Reisen mit einem Flugzeug zu unternehmen, nimmt in seinem Kopf immer mehr Formen an. Ein Prediger, der aus der Luft zu seinen Zuhörern fliegt, ist für ihn eine reizvolle Vorstellung. Zweifellos fördern nostalgische Gefühle aus vergangener Zeit seine Flugträume. Er ist überzeugt, dass ein Hubschrauber ein ideales Transportmittel ist, ihn problemlos von einer Stadt zur anderen zu befördern. Er benötigt keinen Flugplatz und keine Landebahn. Fuchida muss selbst über seine hochfliegenden Pläne lächeln. Er hat höchstens Geld, um ein gutes Fahrrad zu erwerben. Fuchida nährt die Hoffnung und betet, dass sich eines Tages sein Traum erfüllen möge.

Eines Tages schreibt Fuchida einen Artikel mit der Überschrift »Flügel für Christus«. In der Vergangenheit wurden Flugzeuge gebaut und benutzt für den Krieg, jetzt können sie gebraucht und benutzt werden, um den Menschen Heil statt Zerstörung zu bringen.

Dann kommt ihm ein glücklicher Umstand, ja eine Fügung Gottes zu Hilfe. In Kalifornien hat Pastor Elmer B. Sachs schon 1945 eine weltweite Gruppe von christlichen Missionsfliegern gegründet. Auch für Asien plant der Pastor eine solche Einsatztruppe von fliegenden Missionaren. Als er von Mitsuo Fuchida hört, der inzwischen Christ und Evangelist geworden ist, entscheidet er, ihm die Leitung einer japanischen Zweigstelle für Missionsflieger zu übertragen. Pastor Sachs lädt Fuchida ein, in die Vereinigten Staaten zu kommen. Vorher soll er aber die englische Sprache lernen, und zwar auf einem Bibelseminar in Tokio. 1952 beginnt Fuchida, am Bibelseminar zu studieren und die englische Sprache zu lernen. Aber seine Karriere als Seminarist dauert exakt drei Tage. Fuchida begründet seine Ablehnung so:

»Das Studium der Bibel ist viel zu liberal, zu wissenschaftlich und zu logisch. Dort versucht man, die Wunder Gottes im Licht moderner Wissenschaft zu erklären.«

Die Vereinigung der fliegenden Missionare ist enttäuscht und bittet ihn dringend, sich wesentliche Grundkenntnisse der englischen Sprache anzueignen. Fuchida versucht die verantwortlichen Leute der Missionspiloten zu überzeugen, dass er in seiner Muttersprache besser und eindrücklicher von Christus Zeugnis ablegen kann, als wenn er ständig nach Vokabeln in einer fremden Sprache suchen muss.

Mit einem Übersetzer macht er sich trotzdem auf den Weg nach Amerika – auf einem dänischen Handelsschiff. Er hat keinen klaren Vertrag in der Tasche. Er reist mit einer informellen Einladung und weiß nicht, welche detaillierten Aufgaben sich die Vereinigung der fliegenden Missionare für ihn ausgedacht hat. Bevor er Japan verlässt, veröffentlicht er noch einen Artikel in einer renommierten japanischen Zeitung. Darin schildert er seinen Lesern:

»Vor genau elf Jahren startete ich über den Pazifik, und zwar an Bord des Flugzeugträgers *Akagi*, um Pearl Harbor zu bombardieren. Zu jener Zeit war ich ein brillanter Soldat des Kaisers. Ich war sehr belastet mit einer riesigen Verantwortung auf meinen Schultern. Heute starte ich wieder ostwärts über den Pazifik zu den Vereinigten Staaten. Heute bin ich wieder ein Soldat, aber ein Soldat von Christus. Im Unterschied zu damals habe ich heute ein ruhiges und entspannendes Gefühl und den Wunsch, ein Botschafter des guten Willens für Christus zu sein.«

Trotzdem beschleichen ihn auf dem Schiff zwiespältige Gefühle. Schließlich ist er der Angreifer auf Pearl Harbor. Vielleicht hassen ihn die Amerikaner. Aber als er auf Deck des Schiffes steht und die gewaltige Spannweite der Golden-Gate-Bridge bestaunt und die Häuser der Stadt, die die Hügel ringsum erklommen haben, wird ihm bewusst: Ich betrete ein großes Land.

Fuchida wird von Pastor Sachs abgeholt. Journalisten umringen Fuchida. Einen Tag später bringt die New York Times einen Artikel über Fuchidas Ankunft in Amerika:

»Kapitän Mitsuo Fuchida beginnt heute seine Arbeit als Missionar. Der schmächtige, fünfzig Jahre alte Pilot sagt, dass sein Herz mit Rache gefüllt gewesen sei, als er am 7. Dezember 1941 die Luftstreitkräfte gegen die Flotte der Vereinigten Staaten geführt habe. Heute habe das Christentum seine Augen geöffnet, und er hoffe durch Christus, junge Menschen in Japan anleiten zu können, eine große Liebe für Amerika zu entwickeln.«

Fuchida bekommt Einladungen, in verschiedenen Kirchen zu sprechen. Aber es gibt auch kritische Töne. Vor allem die Japaner, die in Amerika leben, warnen davor, Fuchidas Missionsreise zu leicht zu nehmen. Der Kalender zeigt Ende Oktober. Am 7. Dezember ist der »Pearl-Harbor-Tag«. Jedes Jahr wird an den furchtbaren Terrorangriff erinnert, an den hinterhältigen Überfall auf die amerikanische Flotte im Pazifik. Fuchida wird gewarnt:

»Rühren Sie nicht an den alten Wunden!«

»Rufen Sie keine alten Erinnerungen wach!«

Nicht wenige Japaner in Amerika raten ihm, sofort nach Japan zurückzukehren.

Dann hört der weltbekannte Evangelist Billy Graham von Fuchidas Ankunft in Amerika. Graham lädt Fuchida ein, genau am 7. Dezember in seinem Programm »Die

Stunde der Entscheidung« im Fernsehen zu sprechen. Fuchida findet auf Anhieb Gefallen an dem weltbekannten Evangelisten.

»Es ist ein wunderbarer Mann, so ernst und ermutigend.«

Fuchida gibt sein Zeugnis auf Japanisch. Von einem Pastor der Baptisten, einem Japaner, wird er übersetzt. Graham schließt sich ihm an, als Fuchida sein Zeugnis abgegeben hat. Im Aufnahmeraum ist kein Zuhörer. Zum ersten Mal spricht Fuchida vor einer starren, gefühllosen Kamera. Aber vor seinen Augen stehen Tausende von Zuhörern, die ihn animieren.

Dann kommt der Hauptauftritt für Fuchida in der großen »Kirche der geöffneten Tür« in Los Angeles. Die Kirche liegt im Hauptgeschäftsviertel der Stadt. Sie ist bis auf den letzten Platz gefüllt – weitgehend mit weißen Amerikanern. Angst beschleicht ihn, wie er diese Menschen innerlich erreichen soll. Fuchida betet und spricht in seiner Muttersprache. Ein ehemaliger Japaner übersetzt ihn. Als er geendet hat, spenden ihm die Zuhörer stehend Applaus. Einige beginnen Lieder zu singen, und die große Menge stimmt mit ein. Fuchida fühlt sich beschämt und glücklich. Er hat nur einen Gedanken: das ist ein Zeichen Gottes. Er segnet mich und mein Werk.

Danach spricht Pastor Sachs über die Vereinigung der fliegenden Missionare. Er erklärt, dass Fuchida der Kopf der Organisation in Japan sein wird und dringend einen Hubschrauber benötigt, um in die verschiedenen Bezirke Japans gebracht werden zu können. Ein kleiner Hubschrauber kostet etwa 8000 Dollar. Pastor Sachs bittet die Zuhörerschaft, diesen Betrag zu spenden. Fuchida überläuft es heiß am ganzen Körper. Selbstverständlich wünscht er sich ein Flugzeug, aber die Art dieser Werbung ist ihm geradezu unheimlich. Nach dem Gottesdienst steht Fuchida am Ausgang und muss unzählige Hände schütteln. Viele umarmen ihn und küssen seine Wangen. Unter den Zuhörern, die seine Hand schütteln, ist auch eine ältere Frau mit einem etwa zwölfjährigen Sohn. Sie fragt ihn, ob er eine Einladung ihres Sohnes annehmen würde. Gleichzeitig überreicht sie ihm einen verschlossenen Umschlag. Im Hotel angekommen, öffnet Fuchida den Umschlag. Er enthält einen Scheck über 25 Dollar für den Hubschrauber. Gleichzeitig hält er einen traurigen Brief in den Händen, der eine dramatische Geschichte offenbart. Der Vater des Jungen wurde während des Pearl-Harbor-Überfalles getötet. Seine Mutter gebar einige Wochen später den Jungen, aber sie starb an Entkräftung nach der Geburt. Die Frau, die ihn eingeladen hat, ist die Großmutter des Jungen. Beide schreiben ihm, dass sie für ihn und seine missionarische Arbeit beten.

Fuchida spricht ein stilles Gebet für die alte Dame und ihren Enkel. Er dankt Gott gleichzeitig für die offene Tür, die er buchstäblich in dieser Kirche erlebt hat. Fuchida ist überzeugt: die Amerikaner müssen ein offenherziges Volk sein, begnadet mit der Fähigkeit zu vergeben. Die »Kirche der offenen Tür« gibt ihm Selbstvertrauen, dem Morgen mutig zu begegnen.

Aber auch eine höchst unangenehme und schmerzliche Erfahrung muss Fuchida machen. Als er im Flügel eines Filmtheaters auf seinen Auftritt wartet, drückt ihm ein Fremder ein Blatt Papier in die Hand. Auf dem Blatt heißt es:

»An den japanischen Marinekapitän! Geh nach Hause, du Mörder! Du hast über 3000 Männer ohne Warnung umgebracht. Verlass sofort unser Land!«

Als Freunde die Botschaft eines Unbekannten im Saal vorlesen, erheben sich viele Zuhörer und bekunden Fuchida, dass sie sich entschieden von diesem Schreiber distanzieren.

In San José meldet sich ein Arzt bei ihm. Er hat das Zeugnis Fuchidas in seiner Kirche nicht gehört, aber später eine Eingebung gehabt. Er gibt Fuchida die Garantie, ihm bis zu seinem Tod jeden Monat 50 Dollar zu spenden. Für Fuchida ist das eine willkommene Unterstützung bei seinem spärlichen Einkommen.

Fuchida schickt seiner Frau Haruko so viel Geld, wie er kann, denn die finanziellen Verhältnisse seiner Familie sind bedrohlich. Seine Frau spart, wo sie kann, für ihre Kinder schneidert sie selbst Kleidungsstücke aus alten Marineuniformteilen.

Die Vereinigung der fliegenden Missionare hat entschieden, Fuchida im Rang eines Brigadegenerals zum Chef der fliegenden Missionare in Japan zu ernennen. Pastor Sachs, der Kommandeur für die Vereinigten Staaten und verantwortlich für alle internationalen Organisationen, hat den Rang eines Vier-Sterne-Generals. Jesus Christus wird als Fünf-Sterne-General und als Hauptverantwortlicher angesehen. Fuchida bemerkt zu Freunden ziemlich trocken:

»Ich habe noch nie Jesus Christus auf einem Bild als einen Fünf-Sterne-General innerhalb der fliegenden Missionare gesehen, aber des Öfteren sehe ich Sachs als Vier-Sterne-General.«

In San Francisco soll Fuchida in der riesigen Baptistenkirche sprechen. Ein eingewanderter Japaner namens Dr. Aoki ist als Übersetzer vorgesehen. Sie fahren in zwei Autos zur Kirche. Hinter Fuchida, in einem zweiten Wagen, Dr. Aoki. In der Kirche singt schon ein großer Chor mit 400 Sängerinnen und Sängern. Nur Dr. Aoki fehlt. Fuchida wird nervös. Sein Zeugnis ist in japanischer Sprache vorgesehen. Fuchidas Englisch ist miserabel. Er kann Englisch lesen, aber nur schlecht die Worte aussprechen. Verzweifelt fragt sich der Veranstalter, was zu tun ist. Fuchida betet inbrünstig, der Übersetzer möge kommen. Aber er kommt nicht.

»Lieber Gott, gib mir die Worte, die ich dringend für mein erstes englisches Zeugnis benötige. Bitte, rüste mich, deinen geringen Diener, mit dem wunderbaren Pfingstgeist aus, in anderen Zungen reden zu können.«

Dr. Aoki bleibt verschwunden. Ängstlich und mit starkem Herzklopfen besteigt Fuchida das Podium. Noch im Gehen sucht er nach englischen Vokabeln. Es ist nahezu unmöglich, die Gedanken, die er sich überlegt hat, in englischer Sprache zu formulieren. Betend und schweißgebadet beginnt er seine Rede:

»Das ist meine erste englische Rede. Ich bin erst seit einem Monat in den Vereinigten Staaten und versuche, meine Botschaft in Ihrer Sprache rüberzubringen.«

Die Zuhörer klatschen und sehen in seinem Mut eine Stimme des Vertrauens. Fuchida spricht etwa 30 Minuten in gebrochenem Englisch. Immer wieder sucht er nach den richtigen Worten. Am Ende applaudieren sie herzlich. Verstanden haben sie wenig. Am Ausgang schüttelt ihm eine weißhaarige alte Dame die Hand und sagt mit einem liebevollen Lächeln:

»Ich konnte Ihr Englisch nicht verstehen. Aber Ihre Liebe zu unserem Herrn Jesus Christus habe ich gut verstanden.«

▌ Missionsreise durch Nordamerika

Fuchida und sein Übersetzer Pastor Sachs reisen von Kalifornien an der Westküste hinauf bis Oregon. Überall erwarten ihn überfüllte Hallen, Kirchen und Versammlungsräume.

Am 3. Dezember 1952 schaut er plötzlich auf das Datum einer christlichen Zeitschrift. Er lächelt in sich hinein und stellt fest: »Heute ist mein 50. Geburtstag.« Seine Überraschung flüstert er Pastor Sachs ins Ohr. Die letzten Jahre fliegen wie im Traum an seinem inneren Auge vorbei. Er steht vor dem Wunder, dass Tausende von Menschen ihm zujubeln. Sie feiern seinen Geburtstag in einem Land ehemaliger Feinde. Sachs hat den Zuhörern Fuchidas Geburtstag verraten. Sie stampfen mit den Füßen und rufen: »Happy Birthday!«

Als er anschließend von prominenten Mitgliedern der Kirchenleitung eingeladen wird, überraschen sie ihn mit einer hervorragend improvisierten Geburtstagsfeier. 50 Kerzen brennen, und Fuchida steht im Mittelpunkt einer feierlichen Geburtstagsparty. Er erhebt sich und dankt den Gastgebern und Freunden:

»Ab und zu habe ich in Japan meinen Geburtstag gefeiert. Oft habe ich ihn vergessen. Aber diese wunderbare Geburtstagsfeier, die von freundlichen und lieben Amerikanern arrangiert wurde, ist einmalig in meinem Leben. Wir sind an diesem Abend eine große Familie, wie Christen sein sollen. Wir sind in der Tat der Leib Christi.«

In Oregon besucht er Jakob DeShazers Angehörige in dessen Heimatstadt. DeShazers Mutter und andere Verwandte kommen in die Methodistenkirche, um Fuchida zu hören. Nach der Vorstellung treffen sie sich alle bei der Mutter von DeShazer. Die alte Dame erzählt Fuchida und den übrigen Zuhörern ein seltsames, psychisches Erlebnis. Eines Nachts erwachte sie aus einem fürchterlich bedrückenden Traum, und fühlte sich in eine tiefe Dunkelheit gestoßen. Später entdeckt sie, dass genau in diesem Augenblick, als der schreckliche Traum sie überfällt, ihr Sohn in China mit dem Fallschirm abgesprungen ist.

Die Missionseinsätze in Amerika sind gut organisiert. Mit seinem Übersetzer Sachs reist er durch Arizona, Neu-Mexiko, durch Texas nach Dallas und Houston. Oft weiß Fuchida nicht mehr, in welchem Land er sich befindet. Alles geht rasend schnell. Er lernt neue Menschen, neue Länder und neue Kirchen kennen.

Texas ist für Fuchida eine bleibende Erinnerung. Hier hat er seinen ersten Kontakt mit Schwarzen. Eine Sondervorstellung mit 400 schwarzen Christen. Besonders beeindrucken ihn die feierlichen und doch fröhlichen Gesänge der Schwarzen. Er ist begeistert von ihren einmaligen tiefen Stimmen. Er hört einen Erwachsenenchor und einen Kinderchor. Alle singen in seinen Augen himmlisch schön. Als Fuchida durch den Süden fährt und auf Veranstaltungen Zeugnis gibt, lernt er auch die explosive Stimmung der Rassenunruhen kennen. Ihm erscheint es manchmal, als ob der Bürgerkrieg noch nicht beendet ist. Wenn er christliche Familien besucht, begegnet ihm die unausweichliche Rassentrennung. Fuchida begegnet den Problemen zwischen Weiß und Schwarz mit zwei Überzeugungen: erstens haben alle denselben Vater, alle Menschen sind Brüder. Und zweitens: alle Rassen sind gleich vor dem Gesetz und vor dem lebendigen Gott. Fuchida ist sich im Klaren, dass die Harmonie zwischen den Rassen nicht von heute auf morgen zu realisieren ist. War er doch selbst ein ausgesprochener Rassist.

In einer Stadt tauchen plötzlich unzählige Polizisten auf. Er hat den Eindruck, dass sie den Präsidenten der Vereinigten Staaten zu beschützen haben. In der Kirche wimmelt es von Polizeibeamten. Am Eingang, in den Seitentüren, in der Nähe der Kanzel, überall. Nach dem Gottesdienst erzählt ihm der Pastor den Grund: ein Unbekannter hat der Stadt gedroht, man würde die Kirche in die Luft sprengen, wenn Fuchida nicht sofort verschwinden würde.

Die meisten anderen Eindrücke verlaufen positiv. Von hundert Briefen, die ihn erreichen, ist einer negativ. Eine Mutter, die Fuchida in Billy Grahams »Stunde der Entscheidung« gehört hat, schreibt ihm: »Ich bin eine Mutter, die ihren Sohn in Pearl Harbor verloren hat. Fuchida, du bist eine Bestie, du bist eine Ratte.«

1953 kehrt Fuchida nach Japan zurück. Der letzte Besuch in Amerika galt der Insel Hawaii, wo Fuchida am 7. Dezember 1941 mit seinen Bombern der amerikanischen Flotte eine unbeschreibliche Katastrophe zugefügt hatte. Jetzt ist er gekommen, um Vergebung zu erbitten. Aber viele Zeitungen und Radiosendungen sind gegen seinen Besuch. Die Erinnerung reißt alte Wunden wieder auf. Viele Angehörige, die Väter und Söhne zu beklagen haben und die Fuchida noch nicht gehört haben, schreiben empörte Briefe. Schließlich wird Fuchida von einem japanischen Arzt auf Hawaii eingeladen, und er bleibt etliche Tage dort.

Wieder in Japan erreichen ihn unzählige Einladungen zu Vorträgen und zu missionarischen Veranstaltungen. In der Hauptstadt und darüber hinaus spricht er auf zahlreichen Konferenzen. Insgesamt erreicht er über 12 000 Zuhörer. Drei Jahre reist er durch Japan, um das Evangelium zu verkünden. Als Marineoffizier ist er für den Kaiser gereist, jetzt reist er für Christus.

Die Zeitungen berichten über seine Aktivitäten, und jeder Vortrag bringt neue Einladungen mit sich. Aber er fürchtet bei den übergroßen Strapazen einen Zusammenbruch. Einen solchen Zusammenbruch hat er schon einmal erlebt. Er schraubt die Zahl seiner Einsätze etwas herunter, legt aber alles in Gottes Hand. Fuchida ist überrascht, wie Tempel und Schreine der Shintoisten und Buddhisten ihm die Türen öffnen. Offensichtlich dokumentieren sie eine große Weitherzigkeit. Aber er muss auch die Entdeckung machen, dass sein Triumph in den Vereinigten Staaten seine Popularität in bestimmten japanischen Kreisen vermindert hat. Besonders Zuhörer, die seiner Generation angehören, hören ihn gern und kommen in Scharen. Sie sehen in ihm immer noch den Pearl-Harbor-Anführer, er personifiziert ihre Stunde des Sieges. Aber viele Anhänger der jungen Generation, besonders Universitätsstudenten, begegnen ihm äußerst kritisch. Sie befürchten bei ihm eine hoffnungslos pro-amerikanische Einstellung.

Einmal spricht er an der Universität in Kyoto. Eine Bibelgruppe hat ihn eingeladen und die Veranstaltung groß auf dem gesamten Universitätsgelände angekündigt. Die Universität ist aber zu jener Zeit Hochburg der Kommunisten. Das Ergebnis kann nicht ausbleiben. Kaum hat Fuchida das Podium betreten, geht ein wildes Geschrei los. Er kann seinen Vortrag nicht beginnen. Es gibt keine Stimme, die mit Autorität die Schreihälse zum Schweigen bringen kann. Überall dringen ehrabschneidende Sätze an sein Ohr:

»Du bist ein Amerikaner-Freund!«

»Du bist ein Spion der amerikanischen Regierung!«

»Du begünstigst die Wiederaufrüstung.«

»Wir sind gegen Atombombentests!«

Fuchida bleibt ruhig und ohne Angst an seinem Pult stehen. Er sieht in die Gesichter der schreienden Studenten. Geduldig und ohne Fanatismus wartet er ihren leidenschaftlichen Protest ab. In die Ruhepause von einigen Sekunden dringt er mit seiner Mikrofonstimme hinein.

»Wenn die Mehrheit der Studenten, die hier versammelt sind, der Meinung ist, ich sollte zu Ihnen sprechen, dann sagen Sie es. Wenn nicht, dann sollten wir sofort die Versammlung auflösen!«

Die Mehrheit der Studenten entscheidet, er solle fortsetzen. Augenscheinlich sind sie aber nicht in der Stimmung, geistliche Botschaften anzuhören. Fuchida legt seinen vorbereiteten Vortrag zur Seite und spricht ernst und mit ganzem Einsatz zu den Anwesenden:

»Sehr gut. Wenn Sie Fragen haben, will ich sie vorher beantworten. Danach halte ich meinen Vortrag, einverstanden?« Ein Student fragt: »Sind Sie für die Amerikaner?« Fuchida erwidert: »Ich bin weder für Amerika noch für Sowjetrussland. Ich bin ein Bürger des Himmels. Ich bin für Christus, und meine Hauptaufgabe heute besteht darin, eine christliche Arbeit in den Vereinigten Staaten zu tun.« Die Studenten lassen nicht locker. Sie sind an politischen Themen interessiert.

»Wünschen die Amerikaner, dass Japan ein willenloses Werkzeug ihrer Politik wird?«

Und eine Frage, die immer wieder auftaucht: »Ist Amerika imperialistisch?«

Fuchida kommentiert selbstbewusst und klar:

»Die Vereinigten Staaten wünschen, dass Japan in die Lage versetzt wird, sich selbst zu schützen. Es ist schließlich weitaus besser, amerikanische Streitkräfte in Japan zu haben als Sowjets oder dass japanische Kommunisten unser Land in ihre Gewalt bringen. Wenn die Kommunisten Japan kontrollieren, dann stehen über kurz oder lang zwei Millionen Menschen unter Waffen, und Sie werden mit dabei sein.«

Weiter spricht Fuchida über die unglücklichen Bedingungen der Nationen, die von Kommunisten beherrscht werden, und er sagt: »Dies ist die schlechteste Art von Imperialismus, die ich kenne. Sie schreien danach, dass die Jugend nie wieder ein Gewehr schultern solle, und Sie fordern, dass die Yankees verschwinden sollen. Ich sage Ihnen, was geschieht, wenn die Amerikaner das Land verlassen. Die Kommunisten werden das Land übernehmen. Rote Streitkräfte werden das Land beherrschen. Eine Marionettenregierung wird Japan regieren. Japan wird ein einziges kommunistisches Waffenlager werden.«

Der Gedanke über den Kommunismus macht viele Zuhörer still und nachdenklich. Die meisten wissen, wie gewalttätig der Kommunismus in verschiedenen Ländern unter seiner Fuchtel haust. Das Geschrei einiger Zuhörer ist verklungen. Die Mehrheit hat sich auf eine ernste Diskussion eingelassen. Auch anwesende Kommunisten werden sachlicher und fragen, ob seine Berichte über kommunistische Eroberungen und Gräueltaten wahr sind. Fuchida rät ihnen, sich gründlich über die Sowjetunion und über ihre gewaltvollen Eroberungen zu informieren. Dann ist er aber der Meinung, den Versammelten doch die Gute Nachricht noch zu sagen:

»Sie schreien Frieden, Frieden! Aber ist wirklich Frieden in Ihren Herzen? Sie können niemals Frieden haben, solange Ihre Herzen mit Bitterkeit, Hass- und Rachegedanken gefüllt sind. Sie können nur Frieden gewinnen durch den Geist, den Christus vermittelt, und durch seine Vergebung.«

Mit großem Ernst legt er dar, was Pearl Harbor zwischen Amerika und Japan angerichtet hat. Er hat in Amerika um Vergebung gebeten, und Tausende von Amerikanern haben ihm beigepflichtet. Er erzählt den Studenten von Angehörigen, die Söhne und Männer in Pearl Harbor verloren haben. Nach den Vorträgen und bei persönlichen Besuchen standen sie vor ihm und schüttelten ihm die Hände. Heute seien es seine Brüder und Schwestern. Die Feindschaft sei vergangen. Rachegefühle und Vergeltungsgedanken seien erloschen.

Die meisten Studenten spenden ihm Applaus. Schließlich kommt sogar der Präsident der Universität von Kyoto, bedankt sich und beglückwünscht ihn. Dann flüstert er ihm ins Ohr: »Sie haben die Studenten wunderbar unter Kontrolle gebracht! Sie haben der kommunistischen Agitation die Zähne gezogen.«

▌ Probleme in der Familie

Die Auseinandersetzung mit den »Fliegenden Missionaren« hat sich zugespitzt. Die Verantwortlichen drüben in Amerika und Fuchida in Japan verfolgen offensichtlich unterschiedliche Ziele. Fuchida hat je länger desto mehr Bedenken, mit der Organisation, die als amerikanische Gründung stark mit dem Militär in Verbindung gebracht wird, eng zusammenzuarbeiten. Vielen Japanern ist das Militärische ein Dorn im Auge. Am Ende wird Fuchida die monatliche Unterstützung von 50 Dollar gestrichen. Es ist keine Frage, dass dieser Betrag seine finanzielle Situation verschlechtert.

Auch in der Familie gibt es Schwierigkeiten. Sohn Yoshiya, der sich an der Waseda-Universität in Tokio immatrikulieren ließ, wo er allein in einem gemütlichen Raum lebte, erkrankt 1954 im Alter von 21 Jahren an Tuberkulose. Er kommt in ein Krankenhaus in der Nähe der Heimatstadt. Die Krankheit entwickelt sich bedrohlich. Der Sohn erlebt eine liebevolle Unterstützung, die Begleitung von Freunden und der Familie, Gebete und den Beistand der Kirche. Yoshiya ist sehr niedergedrückt und nimmt den schweren Kampf gegen den Tod auf. Über sieben Monate ist er im Krankenhaus. Anschließend entlassen ihn die Ärzte mit einem so genannten Gesundheitspass. Sie empfehlen ihm aber, sich ein oder zwei Jahre zu erholen, bevor er zur Universität zurückkehrt. So bleibt Yoshiya in den Jahren 1955 und 1956 zu Hause.

Yoshiya hat sich der Kirche auf der Hochschule angeschlossen. Er ist wenig kontaktfreudig, sehr ernst. Ihn kennzeichnet eine mehr oder weniger pessimistische Lebenseinstellung. Die Krankheit hat ihn allerdings hellhörig gemacht. Gott hat ihn vor dem Tod bewahrt, und er entwickelt wieder eine stärkere christliche Überzeugung. Sein Plan ist es, den Glauben an Christus durch Architektur zu verwirklichen.

Während Fuchida auf Reisen ist, sein Sohn im Krankenhaus liegt, leitet Haruko, seine Frau, den Bauernhof. Tochter Miyako besucht die Modeschule in Osaka als Tagesstudentin. Fuchida macht sich auch Sorgen um seine

Frau, die allein dem Bauernhof vorsteht. Liebevoll schreibt er ihr: »Ein großer Schäferhund ist dein körperlicher Beschützer, und den geistlichen Schutz findest du in Gott, deinem Schafhirten.«

Ende 1955 erwischt es auch Fuchida. Er liegt an einer geheimnisvollen Krankheit danieder, vielleicht eine körperliche Erschöpfung. Es ist nichts Bedrohliches, aber die Krankheit zwingt ihn, das Bett zu hüten. Außerdem sind seine Stimmbänder angeschlagen. Er kann nicht mehr laut sprechen. In dieser Zeit macht er einige Recherchen und schreibt Artikel und eine kleine Broschüre über seine Freundschaft mit Billy Graham. Er benutzt Material aus amerikanischen Magazinen und Zeitungen. Seine Broschüre beendet er mit dem überzeugenden Satz: »Billy Graham ist der größte Evangelist unserer Tage.« Über dreißig Illustrationen hat Fuchida mit in die Broschüre eingearbeitet. Billy Graham ist über das kleine Buch beglückt, und das Graham-Evangelisationskomitee erhebt Fuchida zu einem ihrer Verantwortlichen für Veröffentlichungen.

▍ Die »Japan-für-Christus«-Bewegung

1956 kehrt Fuchida wieder nach Amerika zurück, um in erster Linie vor ehemaligen Japanern, die jetzt in Amerika leben, zu sprechen. Er hat sich vorgenommen, die »Japan-für-Christus«-Bewegung zu unterstützen. Sein Freund und Pastor ist Toshio Saito, der Präsident dieser Organisation.

Wie sehr unterscheidet sich diese Reise vom ersten Besuch in den Vereinigten Staaten! Die erste Reise legte Fuchida auf einem dänischen Frachter zurück. Diesmal fliegt er mit der japanischen Fluglinie. Jetzt hat er keine Bedenken, Ungewissheit und Furcht. Es kommt ihm vor, als käme er in seine zweite Heimat zurück. Es wird auch nichts über ihn als Neuling berichtet. Die Vereinigten Staaten kommen ihm auch nicht mehr fremd und exotisch vor. Er spricht hauptsächlich in christlichen Kirchen, die von ehemaligen Japanern in Amerika besucht werden. Sogar in den buddhistischen Tempel wird er eingeladen.

1957 ist sein Sohn Yoshiya wieder auf die Beine gekommen und beabsichtigt, weiter Architektur zu studieren. So schreibt er seinem Vater und bittet ihn um die Erlaubnis, in Amerika weiterstudieren zu dürfen. Alle seine Kommilitonen haben bereits ihr Studium abgeschlossen und Arbeit in führenden japanischen Unternehmen gefunden. Mit ihnen kann und will er nicht mithalten. Darum ist er ernstlich daran interessiert, Japan zu verlassen. Die gesamte Familie unterstützt die Pläne des Sohnes und glaubt, dass er in Amerika sein Studium erfolgreich abschließen wird. Vater Fuchida antwortet ihm, dass er sofort kommen soll, und macht sich auf die Suche, einen »Sponsor« für seinen Sohn zu finden. Zu dieser Zeit braucht jeder Tourist, der Amerika besuchen will, eine schriftliche Einladung mit einer eidesstattlichen Erklärung, für Reise- und Aufenthaltskosten zu sorgen.

Einige Monate vergehen, bis Yoshiya ein Visa erhält, sich für sechs Monate in den Vereinigten Staaten aufhalten zu dürfen. In der Wartezeit besuchen Bruder und Schwester einen Englischkurs und hoffen, dass ihre Englischkenntnisse für den Aufenthalt ausreichen werden. Die Kurse bietet der CVJM (Y.M.C.A.) in Osaka an. Sohn Yoshiya macht sich schnell selbstständig, scheidet aus dem Unterricht aus und lernt in Eigenregie. Durchaus mit großem Erfolg.

Ende September 1957 arrangieren Mutter, Schwester, Verwandte und Freunde eine große Abschiedsparty. Gleichzeitig wird Geburtstag gefeiert. Aufrecht und ernst steht er vor seiner Mutter und sagt:

»Leb wohl, Mutter, ich komme zurück, wenn ich Erfolg habe.«

Die Mutter lächelt traurig, nimmt ihn in den Arm und sagt:

»Komm so bald wie möglich zurück, auch wenn du keinen Erfolg hast.«

Insgeheim weiß Yoshiya, dass er wahrscheinlich nie nach Japan zurückkehren wird.

Vater Fuchida ist in Texas unterwegs und entscheidet, seinen Sohn in San Francisco abzuholen. Es gelingt ihm auch. Eine Stunde, bevor der Sohn landet, ist Vater Fuchida zur Stelle. Er bietet seinem Sohn eine Führung durch die Hauptgeschäftsviertel von San Francisco an. Sie essen gemeinsam in einem amerikanischen Restaurant. Schließlich schleift ihn der Vater noch in ein großes Kaufhaus und kleidet ihn von oben bis unten neu ein. »Nie mehr ›made in Japan‹«, grinst Fuchida. »Nun bist du ein richtiger Amerikaner!« Vater Fuchida ahnt nicht, dass er damit die Wahrheit gesagt hat. Yoshiya hat sich entschieden, seine Wurzeln in diese neue Erde zu verpflanzen. 1958 besucht er die Universität Colorado in Denver.

Im Zeichen seiner Amerikanisierung ändert Yoshiya auch seinen Namen. Als gläubiger Christ liest er die Bibel. Im zweiten Buch der Chronik stößt er auf seinen Namen Josia, der in der japanischen Sprache Yoshiya geschrieben wird. Immer wieder liest er begeistert dem Vater die Stelle vor:

»Und (Josia) tat, was dem Herrn wohlgefiel, und wandelte auf den Wegen seines Vaters David und wich weder zur Rechten noch zur Linken« (2. Chronik 34,2).

Joe wird in Amerika sein Spitzname. Er findet ihn selbst ganz toll und benutzt ihn wie seinen legalen Vornamen.

▌ Fuchida bereist Europa

Im Sommer 1960 wird Fuchidas Traum wahr, auch Europa einen Besuch abzustatten. Vorgesehen sind die Städte Berlin, Helmstedt, Paris, London und Hamburg. Zur gleichen Zeit evangelisiert Billy Graham in Berlin. Auch Billy Graham bittet ihn, eine Botschaft an die Berliner zu richten.

Am Reformationstag, dem 31. Oktober, einem bedeutenden Feiertag der Protestanten, wird Fuchida aufgefordert, in einer Kirche zu sprechen. Die Besucherzahlen in den Kirchen sind jämmerlich. Er unterhält sich mit einem grauhaarigen Deutschen, der ihm sagt: »Wir brauchen eine andere Reformation!«

Fuchida ist über Europas Christen sehr enttäuscht. Die Tradition einer 2000-jährigen Geschichte des Christentums ist für ihn erschütternd. Er hat eine Zivilisation gesehen, die ihr geistliches Leben eingebüßt hat. Besonders die Lutherische Kirche, die die Fahne der Reformation hochhalten soll, ist in seinen Augen morbid.

»Europa hat Christus verraten. Vor allem in Westeuropa habe ich lediglich einen Materialismus erlebt, der die meisten Menschen in Besitz genommen hat wie ein falscher Gott.«

In Hamburg ist er bei mehr als hundert Treffen präsent. Er besucht Schulen der Protestanten und Katholiken, er spricht vor jungen Soldaten und vor Häftlingen im Gefängnis. Und er kommt zum CVJM, der mit ihm ins *Alte Land* fährt, den Obstgarten Hamburgs, wo die Kirsch- und Apfelbäume blühen. Es ist ein wunderschöner Frühlingstag, als Hunderte von jungen Menschen das gecharterte Schiff im Hafen besteigen. Es ist ein Sonntag. Draußen, vor den Toren der Stadt, soll der Gottesdienst stattfinden. Die Stimmung an Bord ist ausgezeichnet. Der Posaunenchor schmettert Choräle und Frühlingslieder. Das

Konsulat hat einen Übersetzer gestellt. Fuchida spricht japanisch.

»Vom treuen Soldaten, untertan dem Kaiser, bis zum Soldaten von Christus, untertan Gott und seinem Sohn Christus.«

Über diesen Wandel predigt Fuchida. Dieser Wandel hat viele junge Menschen im Tiefsten berührt. Trotz des schönen Wetters und des Sonnenscheins hören sie fast eine Stunde zu. Ihre Augen und Gesichter sind auf den kleinen, kernigen Japaner gerichtet, der glaubhaft und überzeugend berichtet:

»Wir Japaner und Amerikaner waren tief verfeindet. Ich war ein Rassist und hasste alle Amerikaner. Ich ließ mich beflügeln, diesem Feind einen mörderischen Schlag zu versetzen. Heute weiß ich: Feindschaft zerstört, Liebe rettet, Bruderschaft in Christus schafft Frieden. Christus ist die einzige Garantie in der Welt, in der Familie, im CVJM, zwischen Völkern Hass und Feindschaft zu beenden. Mit unserer Kraft sind wir zur Vergebung und zum Frieden nicht fähig. Christus hat uns Vergebung vorgelebt. Christus ist die Vergebung in Person. Wer aus ihm und in ihm lebt, praktiziert Vergebung. Ich habe mich von ihm anstecken lassen.«

An Bord sind viele Mitglieder des CVJM, aber auch Fremde und gelegentliche Besucher der verschiedensten Veranstaltungen. Viele Pazifisten sind darunter, die Krieg und Kriegsdienst kategorisch ablehnen. Sie sind tief berührt von der Botschaft des Friedens. Jesus Christus ist der Friedensbringer, der Friedefürst. Hass und Feindseligkeit sind schwere Sünden. Aber in der Kraft des Heiligen Geistes, die Christus vermittelt, werden Menschen befähigt, Freundschaft, Bruderschaft und Liebe zu praktizieren. Auf dem Schiff steht so ein verwandelter Mensch, der früher von Hass- und Rachegedanken erfüllt war, der heute seine schlimmsten Feinde um Vergebung bitten kann. Er ist bemüht, den Kreislauf von Hass, Gewalt und Gegengewalt im Namen von Jesus zu durchbrechen. Im CVJM hat es noch lange Zeit viele nachdenkliche Gespräche mit jungen Menschen über diesen Gottesdienst mit Mitsuo Fuchida gegeben.

Die Begegnung mit Mitsuo Fuchida ist auch für mich eine Sternstunde gewesen. Da kommt ein Mann aus Japan und rückt Christus, das Kreuz und die Vergebung in den Mittelpunkt. Der CVJM mit seinen 80 Gruppen in verschiedenen Stadtteilen, mit seinen unterschiedlichsten Programmangeboten angefangen mit Sport, über Literaturkreise, Beratung von Flüchtlingen aus der damaligen sowjetischen Besatzungszone, Musikgruppen und Bibelstunden steht oft in der Gefahr, sein Hauptanliegen zu vernachlässigen, »Menschen zu Jesus zu führen«. Das ist die Grundlage der weltweiten Arbeit des CVJM.

Über das alte Europa hat Fuchida keinen guten Eindruck mitgenommen. Die großen Kirchen sind sonntags leer. Der Geist des Christentums ist in seinen Augen verflogen.

»Ich erlebe ein christlich totes Europa!«

Viele Christen machen nur einige Male in ihrem Leben von der Kirche Gebrauch. Wenn sie geboren sind, werden sie zur Taufe gefahren, wenn sie heiraten, werden sie mit der Hochzeitskutsche gebracht, und wenn sie gestorben sind, werden sie mit dem Leichenwagen aus der Kirche gefahren. Fuchida ist tief betrübt, als er Europa den Rücken kehrt. Er ist in seinem Wesen kein Schwarzseher und Pessimist, aber die marode Situation der Volkskirchen hat ihn schwer getroffen.

»Ich erlebe viel zu viel Zeremonie in beiden Kirchen!«

»Die Rituale stehen im Vordergrund, sie spalten den lebendigen Glauben und lassen das Herz unberührt.«

Auch England ruft in ihm die gleichen Beklemmungen hervor. Fuchida ist nie ein wirklicher Theologe gewesen.

Darum kann er die Unterschiede zwischen der katholischen Kirche in England und der anglikanischen Kirche nicht verstehen. Für ihn sind es Haarspaltereien.

»Christus wird zerschnitten!«

»Uns fehlt die Einheit in *ihm*. Der Streit um theologische Spitzfindigkeiten ist teuflisch. Wir sollen als Versöhnende leben, und wir sind es nicht.«

Beim Abschied räumt er ein: »Vielleicht bin ich ungerecht und schieße übers Ziel hinaus, aber meine Eindrücke sind vielfach beunruhigend.«

▌ Auch Tochter Miyako zieht es nach Amerika

Im Herbst 1961 versucht Mitsuo Fuchida, seine Frau Haruko und Tochter Miyako nach Amerika einzuladen, um beiden eine ausgedehnte Rundreise durch das Land zu ermöglichen. Aber beim amerikanischen Konsulat bekommt er Schwierigkeiten. Man glaubt ihm nicht, dass er Frau und Tochter nur als Touristen nach Amerika bringen möchte. Das Konsulat ist überzeugt, die ganze Familie wolle in Amerika bleiben. Seine Frau Haruko ist beglückt, die Reise nicht antreten zu müssen. Sie ist immer sehr heimatverbunden gewesen und hat Angst, ein fremdes Land zu besuchen.

Miyako, der Tochter, ergeht es ganz anders. Sie ist von klein auf unternehmungslustig und kontaktfreudig. Sie will ihren Horizont erweitern und sich im Leben und in der Welt beweisen. In ihrem Heimatort lernt sie einen amerikanischen Missionar der »Assembly-of-God«-Kirche kennen. Ihr gelingt es, bei seiner Frau Englischunterricht zu bekommen. Als Gegenleistung unterrichtet sie die beiden Töchter in japanischer Sprache. Gleichzeitig arbeitet sie im Büro der Missionarsfrau, schreibt Briefe und bekommt dafür ein gutes Gehalt. Auf diese Weise gelingt es ihr, am Junior-College ihr Englisch-Diplom zu erlangen. Mit diesem Zertifikat ist es ihr möglich, als Englischlehrerin an der Hochschule zu unterrichten. Mit dieser Ausbildung und dem Abschlusszeugnis der Modeschule schafft sie es, in die Vereinigten Staaten zu kommen und, wie ihr Bruder Joe, weiterstudieren zu können.

Sie weiß genau, dass sie mit Vaters Unterstützung rechnen kann. Haruko ist sehr unglücklich, das letzte Mitglied der Familie zu verlieren. Mit der Tochter hatte sie bislang ein ausnahmslos gutes Verhältnis. Sie ist bemüht, der Tochter einen geeigneten Mann zuzuführen. Immer wieder lädt sie junge Männer ins Haus ein, aber unter den jungen Leuten ist für Miyako keiner dabei. Die Tochter will unabhängig bleiben und mit allem Ernst und Nachdruck weiterstudieren – und zwar in Amerika. Schließlich kommt es zum Kompromiss, die Tochter darf mit Einverständnis der Mutter für ein Jahr nach Amerika.

Im September 1961 landet sie mit dem Flugzeug in San Francisco. Vater und Bruder holen sie ab. Sie geht mit dem Vater nach Berkeley und studiert Innenarchitektur an der Universität in Oakland. Die Dynamik der Vereinigten Staaten spricht sie an. Die anfänglichen Sprachschwierigkeiten im Studium sind bald vergessen. Schnell befreundet sie sich mit Männern und Frauen, die ihr beim Studium helfen. Der Vater kauft ihr eine Nähmaschine, und sie näht und entwirft die schönsten Kleider, die man sich vorstellen kann. Die Tochter ist außergewöhnlich geschickt, und in kurzer Zeit hat sie das Geld für die Maschine bezahlt. Tochter Miyako macht sich selbstständig.

Auch im Glauben macht sie Fortschritte. Sie wird aktives Mitglied in der Kirche »Assembly of God«, der sie schon in ihrer Heimatstadt angehörte. Im ersten Studienjahr hat Vater Fuchida die Tochter unterstützt, in den nächsten drei Jahren, die zum Vollstudium erforderlich sind, erhält sie jährlich ein Stipendium.

▋ Die letzten Lebensjahre Fuchidas

1962 ist Fuchida wieder in Texas unterwegs, vornehmlich bei den Südlichen Baptisten. In dieser Zeit macht eine Zeitungsmeldung in der ganzen Welt Furore. Es geht um Major Claude R. Eartherly, den ehemaligen Flugzeugführer des B-29-Bombers, der am Ende des Krieges die erste Atombombe auf Hiroshima warf. Bald nach diesem Ereignis wird Eartherly von schweren inneren Schuldvorwürfen heimgesucht. Über einen Zeitraum von 15 Jahren ist er ständig in psychiatrischer Behandlung und muss jeweils lange in Krankenhäusern untergebracht werden. Nichts scheint ihm zu helfen. Weil er nicht als geisteskrank eingestuft werden kann, entlässt man ihn zwischendurch. Aber jedes Mal läuft der Unglückliche ziellos umher, umgetrieben von Gewissensqualen. Fuchida erzählt Reportern, dass er ihm am liebsten von Christus erzählen möchte, damit er Frieden in seinem Herzen bekommt. Fuchida hat die schreckliche Lebensgeschichte von Eartherly gelesen, und er ist überzeugt, dass er ihm helfen kann – besser als viele Ärzte, die bisher an dem Major gescheitert sind. Aber Fuchida sieht sich als Werkzeug Gottes und als Sprachrohr seiner Gnade und Größe. Er, der das Verbrechen von Pearl Harbor begangen hat, sieht die Möglichkeit, einem Menschen, der das Gleiche erlebt hat – mit weit mehr Toten –, zu helfen. Aber Fuchida sucht Eartherly vergebens. Eartherly hat längst wieder das Veteranen-Krankenhaus in Waco verlassen. Niemand weiß, wo er sich aufhält. Eartherly muss erfahren haben, dass Fuchida ihn sucht, und er hat sich versteckt. Er will keine religiöse Antwort auf sein Problem. Eine wirkliche Begegnung zwischen beiden Bomberpiloten mit ähnlichem Schicksal kommt nicht zustande.

Kurze Zeit später wird Fuchida dann damit überrascht, dass sein Sohn ihn zum Großvater gemacht hat. Sein

Enkel trägt den Namen John Mitsuharu Fuchida. Der erste Vorname ist dem Christusjünger Johannes nachempfunden, der zweite Name ist eine Mischung aus Haruko, seiner Großmutter, und Mitsuo, seinem Großvater.

Weihnachten steht ein weiteres Familienereignis bevor. Miyako heiratet ihren Verlobten, einen Mitstudenten an der California-Hochschule für Kunst. Er hat sie in der Vergangenheit in ihren Studien sehr unterstützt. Sein Vater ist Rektor einer Grundschule. Miyako heiratet traditionell in weißen Kleidern. Vater Fuchida bedauert es außerordentlich, dass seine Frau nicht an seiner Seite ist, um die Hochzeit der Tochter mitzuerleben und den Schwiegersohn persönlich kennen zu lernen. Haruko hat ihren Sohn Joe seit 1957 nicht gesehen und die Tochter seit 1961 ebenfalls nicht mehr. Aber sie bringt dieses Opfer außerordentlich geduldig. Hauptsache, ihre Kinder haben jenseits des Pazifiks ihr Glück gefunden. Sie will aus vollem Herzen Ja dazu sagen. Mutter Haruko hält ununterbrochen eine laufende Korrespondenz zwischen allen Familienmitgliedern aufrecht. Die Schwiegereltern und viele amerikanische Freunde sehen in ihrem Gesicht, das sie auf Fotos anschauen, eine gewisse Traurigkeit. Aber wenn sie ihre Briefe lesen, die liebevoll und humorvoll abgefasst sind, sind alle erstaunt und angetan. Jeder Brief ist eine kleine Meisterleistung. Jedes Ereignis auf dem Hof wird minutiös und detailliert geschildert. Liebevoll beschreibt sie das Gedeihen bestimmter Pflanzen, Blumen und Bäume. Alle Abenteuer mit ihren Tieren, die sie täglich erlebt, teilt sie ihrer Familie in Amerika mit.

Fuchida hat immer wieder ein schlechtes Gewissen, dass er seine Frau in Japan vernachlässigt hat. Sollte er eines Tages in Japan bleiben, will er bis zum Lebensende bei ihr sein. Doch noch übt Amerika immer wieder einen besonderen Reiz auf Fuchida aus. Beide Kinder leben dort. So kehrt er gegen seine innere Stimme nach Amerika zurück und bleibt mehrere Jahre dort. Fuchida spielt ernstlich mit dem Gedanken, amerikanischer Staatsbürger zu werden. Als Laienprediger wäre er der geeignete Mann für viele alte Japaner, die in Amerika leben und die weitgehend nur Japanisch sprechen und kaum die englische Sprache beherrschen.

Sohn Joe wird 1964 amerikanischer Staatsbürger. Er hat sich völlig mit der amerikanischen Lebensweise versöhnt, liebt das Land und seine Kultur. An der Universität hat er einige Titel erworben und wird ein bekannter Architekt.

Tochter Miyako arbeitet als Innenarchitektin; nach der Geburt ihrer Tochter eröffnet sie ein Geschäft für Trachtenkleidung in ihrem eigenen Haus. Ihr Mann hat sich als Baumeister etabliert. Marie, die Frau von Joe, hat ein zweites Kind bekommen, eine Tochter. Sie geben ihr den Namen Ellen Harumi. Joe ist in Amerika heimisch geworden und hat ein eigenes Architekturbüro eröffnet.

Mitsuo Fuchida reist als Evangelist durch viele amerikanische Staaten und erlebt am 6. Dezember 1966 in Pearl Harbor noch einmal einen Höhepunkt seines Lebens. Generale und Offiziere der amerikanischen Flotte und der Armee besuchen Pearl Harbor. Fuchida ist eingeladen und gibt einen Bericht über den Überfall, spricht über die Vorbereitungen und über seinen Weg von »Pearl Harbor nach Golgatha«. Auf dem Schlachtschiff *Arizona*, das als Denkmal und Wahrzeichen zerstört und halb unter Wasser im Hafen liegt, hält Fuchida eine kurze Andacht. Tausende von Touristen haben Jahr für Jahr dieses Schiff besucht, das mit als Erstes bei dem Überfall auf Pearl Harbor von Bomben zerrissen wurde und seitwärts ins Meer kippte.

Auch sein Freund Billy Graham gehört mit zu den geladenen Gästen. Sein evangelistischer Dienst und seine missionarischen Aktivitäten sind längst in ganz Amerika bekannt. Viele ehemalige Feinde schütteln ihm die Hände.

Aus hasserfüllten Gegnern sind Freunde und Brüder geworden.

Und doch – bei allen Vorteilen für das freie Land Amerika, in dem seine beiden Kinder verheiratet sind, beruflich erfolgreich wurden und Kinder großziehen, holt Fuchida der Ruf seines geliebten Vaterlandes ein. Er kann Japan und sein Geburtsland nicht verleugnen. Wenn er an Kashiwara denkt und an seine Frau, die mit Hingabe und unvorstellbarem Arbeitseifer den Hof betreut, dann treibt es ihn nach Japan zurück – zu seiner Frau, zum Hof und zum Dienst als Laienprediger und Evangelist. Verständlich, dass er in seiner Heimat und besonders von seiner Frau sehnsüchtig erwartet wird. Viele Jahre lebt er dort, kümmert sich um den Hof und predigt im Land das Evangelium als Laienprediger.

Im April 1976 erhält Tochter Miyako in Amerika ein Telegramm aus Japan. Der Vater ist schwer krank. Sie fliegt sofort nach Japan und findet ihren Vater im Bett eines Krankenhauses, abgemagert und fast blind. Trotzdem ist er glücklich, sie und ihre Kinder noch einmal zu sehen. Schon am 30. Mai 1976 stirbt Fuchida an Diabetes im Alter von 73 Jahren. Die Tochter muss zwischenzeitlich mit dem Flugzeug nach Amerika zurückfliegen und hat ihren Vater nicht mehr lebend gesehen. Auf dem Friedhof von Osaka findet er seine letzte Ruhe, neben seinen alten Freunden aus der Kriegsmarine und seinen »nationalen Anhängern«.

Mitsuo Fuchida war seiner Zeit voraus. Sein Weg zum Christsein war einsam. Er hatte keine christlichen Freunde, die ihm den Weg zeigten. Die ihn genau kannten, sagten von ihm:

»Er hat das Christsein nie in erster Linie verstandesmäßig akzeptiert. Er war kein Theologe und kein Wissenschaftler. Er war intelligent und klug, seine treibende Kraft war sein Herz.«

Überschwänglich verehrte er Jesus Christus als Person. Er war überzeugt, dass er für ihn gestorben ist und für alle Menschen. Ehrlich und aufrichtig hat er das Schwert des Krieges gegen das Schwert des Geistes eingetauscht. Er wollte die Botschaft der Erlösung und die Botschaft der Vergebung vielen Menschen groß machen. Für den Frieden in der Welt hat er gehofft, gearbeitet und gekämpft. Und er war fest davon überzeugt, dass nur die Vergebung in Jesus Christus Menschen aller Rassen und Nationen miteinander in Freundschaft verbinden kann. Er hielt Vergebung für die einzige Lösung, Hass, Feindschaft und Rachegedanken unter den Menschen auszulöschen. Aber er musste erleben, dass Japan und Deutschland wieder aufgerüstet wurden, dass Atombomben hergestellt und für mögliche Angriffe in U-Booten und in unterirdischen Silos gebunkert werden.

Es gibt keinen Zweifel: Seine missionarischen und evangelistischen Aktivitäten in vielen Ländern der Welt haben Hunderte von Menschen zur Umkehr gebracht. Sie wurden bewusste Christen und praktizieren Vergebung und Versöhnung in ihren Ehen, Familien und Gemeinden.

hänssler

Weitere spannende Titel in der Reihe:

Rita Nightingale
Bangkok – Ausweglos

Tb., 240 S.,
Nr. 393.903, ISBN 3-7751-3903-6

Stellen Sie sich vor, Sie sind auf dem Flughafen von Bangkok, und man findet in Ihrem Gepäck 3,3 kg Heroin … Kein Krimi, sondern die packende Lebensgeschichte der jungen Britin Rita Nightingale. Unschuldig zu 20 Jahren Haft in einem thailändischen Gefängnis verurteilt, beginnt ein Kampf um Recht, Gerechtigkeit – und ihre Seele. Ihre Geschichte bewegte Millionen von Menschen weltweit und ist nun in Neuauflage als günstige Taschenbuch-Ausgabe erhältlich.

Paul L. Maier
Rom in Flammen

Tb., 560 S.,
Nr. 393.855, ISBN 3-7751-3855-2

»Brot und Spiele«, das ist auch das Motto der römischen Kaiser Claudius und Nero. Eine angenehme Zeit für Römer – nur nicht für die, die sich zu Jesus Christus bekennen. Brot gibt es nicht für sie, und die Spiele kosten ihnen das Leben. Doch die Grausamkeit der Cäsaren kann ihnen nicht den Glauben an den nehmen, der ihnen ewiges Leben gibt. So wachsen die ersten Gemeinden trotz aller Verfolgung, und das Christentum breitet sich unaufhaltsam aus. – Die Neuauflage dieses spannenden historischen Romans im Taschenbuch-Format.

Bitte fragen Sie in Ihrer Buchhandlung nach diesen Büchern!
Oder schreiben Sie an den Hänssler Verlag, D-71087 Holzgerlingen.

hänssler

Weitere Bücher von Reinhold Ruthe:

Glück
Wege zu einem erfüllten Leben

Tb., 80 S.,
Nr. 393.734, ISBN 3-7751-3734-3

Was verstehen wir unter Glück? Was ist die Voraussetzung, um glücklich zu werden? Auf diese und weitere Fragen gibt das Buch – es ist kein Rezeptbuch zum Glück – eine Antwort. Lassen Sie sich überraschen und Sie werden sehen, was Glück mit Vertrauen, Glauben und dem Sinn des Lebens zu tun hat!

Gewissen
Das Geheimnis der inneren Stimme

Tb., 128 S.,
Nr. 393.849, ISBN 3-7751-3849-8

Wie entwickelt sich die Stimme des Gewissens? Wie wird das Gewissen in der Bibel charakterisiert? Wie geht man richtig mit Schuldgefühlen um? Dies sind einige der Fragen, auf die Reinhold Ruthe in seinem Buch eine Antwort gibt. Mit eindrücklichen Beispielen und in klarer, leicht verständlicher Sprache nimmt er den Leser mit auf die spannende Reise in die Geheimnisse des menschlichen Gewissens. – Ein weiteres praxisnahes Buch des bekannten Familientherapeuten und Autors.

Bitte fragen Sie in Ihrer Buchhandlung nach diesen Büchern!
Oder schreiben Sie an den Hänssler Verlag, D-71087 Holzgerlingen.